银行业信息科技风险管理高层指导委员会
银行业信息化丛书

CIO 2.0

移动互联时代的 CIO 领导力

［美］格里高利·S. 史密斯（Gregory S. Smith）◎著
银行业信息科技风险管理高层指导委员会◎译

（第二版）

清华大学出版社
北　京

北京市版权局著作权合同登记号　图字：01-2015-5234

本书封面贴有清华大学出版社和 Wiley 公司防伪标签，无标签者不得销售。

版权所有，侵权必究。侵权举报电话：010-62782989　13701121933

图书在版编目(CIP)数据

CIO2.0：移动互联时代的 CIO 领导力：第 2 版 ／（美）史密斯（Smith, G. S.）著：银行业信息科技风险管理高层指导委员会译. -- 北京 ：清华大学出版社，2016
（银行业信息化丛书）
书名原文：Straight to the TOP: CIO Leadership in a Mobile, Social, and Cloud-based World (Second Edition)
ISBN 978-7-302-42455-0

Ⅰ．①C… Ⅱ．①史… ②银… Ⅲ．①银行—管理信息—系统—研究 Ⅳ．①F830.49

中国版本图书馆 CIP 数据核字(2015)第 295094 号

责任编辑：张立红
封面设计：申占龙
版式设计：方加青
责任校对：李跃娜
责任印制：杨　艳

出版发行：清华大学出版社
　　　　　网　　　址：http://www.tup.com.cn，http://www.wqbook.com
　　　　　地　　　址：北京清华大学学研大厦 A 座　　　　邮　　编：100084
　　　　　社 总 机：010-62770175　　　　　　　　　　邮　　购：010-62786544
　　　　　投稿与读者服务：010-62776969，c-service@tup.tsinghua.edu.cn
　　　　　质 量 反 馈：010-62772015，zhiliang@tup.tsinghua.edu.cn
印 装 者：三河市中晟雅豪印务有限公司
经　　　销：全国新华书店
开　　本：185mm×260mm　　　印　　张：20.25　　字　　数：261 千字
版　　次：2016 年 2 月第 1 版　　印　　次：2016 年 2 月第 1 次印刷
定　　价：88.00 元

产品编号：062335-01

《银行业信息化丛书》编委会

主　编：尚福林

副主编：郭利根

编　委（按姓氏拼音排序）

编　辑（按姓氏拼音排序）

工作组（按姓氏拼音排序）

《银行业信息化丛书》总序

　　信息化是推动经济社会变革的重要力量。坚持走中国特色的新型工业化、信息化、城镇化、农业现代化道路，是党中央立足全局、放眼未来、与时俱进的战略决策。近期，中央网络安全和信息化领导小组的成立，更加体现了中央保障网络安全、推动信息化发展、维护国家利益的决心。银行业作为国家经济体系的重要行业之一，是信息化的重要推动主体、参与主体和受益主体。银行业持之以恒地贯彻落实国家信息化战略，不仅是推动加快我国信息化进程的必然要求，也是银行业改革发展、转型升级和更好服务实体经济的内在需求。

　　近年来，我国银行业审时度势、积极作为，坚持基础建设与科技创新并重、提升服务与保障安全并举的科学发展导向，以推进信息化为契机，调整经营理念、优化经营机制、完善服务模式，在服务手段信息化、管理模式信息化、信息安全保障等方面取得了积极进展，银行业核心竞争力、市场适应力和贴身服务能力有了进一步提升。一是服务手段信息化发展迅速。电子银行、自助银行、智能支付终端等信息化服务渠道日渐普及，使得金融服务覆盖面更加广泛、服务方式更加便捷、服务

产品更加丰富。二是管理模式信息化迈出实质性步伐。注重依托核心数据库、运用先进数据挖掘分析工具，推进银行经营决策逐步智能化、风险管理日趋精细化，产品创新逐渐体现个性化，银行业经营管理信息化水平不断提升。三是信息安全保障取得积极进展。银行业信息安全越来越受重视，相关科技基础设施建设步伐加快，多层次、立体化、全方位的信息安全保障体系正在逐步形成。

当然，我们也应该清醒的认识到，银行业信息化面临着复杂的内外部环境，核心技术受限、网络安全威胁、隐私保护和信息保密等挑战将长期存在；银行业自身认识不尽到位、技术储备不够充分、资源投入相对不足、过度依赖外包等问题仍较为突出；针对银行业特殊需求的信息化产品，工具和方法还比较单一，缺乏应对复杂需求的灵活创新能力。总的看来，银行业信息化还有很长的路要走，信息科技风险将成为当前和未来较长时期银行业的重要风险领域之一。

银行业信息化既不能因为成绩而骄傲自满，也不可因为差距而妄自菲薄，更不可因为困难而畏首畏尾。各银行业金融机构要勇于直面困难、主动迎接挑战，坚决按照国家信息化总体战略部署，切实坚持"自主可控、持续发展、科技创新"的基本方向，紧紧抓住信息化发展机遇，推动信息服务和信息安全再上新台阶。一是借助信息化推动银行业金融机构治理能力现代化。积极引入先进的信息科技治理和管理理念，运用现代信息技术缓解治理中的信息不对称问题，推动银行建设流程，提高治理有效性。同时，理顺信息化建设的体制机制，加快信息化建设进程，为银行业转型发展提供有力保障。二是依托信息化推动金融服务智慧化。要充分利用互联网、移动计算蓬勃发展的大环境，积极应用大数据等新兴技术和创新思维模式，充分发挥金融数据和信息的价值，研发智能化、个性化、便捷化的产品和服务，灵活响应客户诉求，努力改善客户体验，尽力发掘潜在客户需求，增加产品和服务的

吸引力，培育更为坚实的客户基础，形成新的业务和利润增长点。三是以自主创新增进安全可控能力。要坚持市场起决定作用的基本方针，探索形成以研发创新支持应用推广、以市场应用激发创新动力的良性正反馈机制。推动应用自主创新信息技术，建立自主创新信息技术落地银行业的配套机制，力争金融领域关键信息技术自主创新占比逐步提高，不断提升信息系统的开放性、灵活性和集约化水平。四是利用信息技术强化行业协作。要加强银行业信息化建设的统筹规划，促进信息化资源的集约共享，提升数据（灾备）中心布局的合理性，增强同业协同协作，共同应对外包集中度等风险。

为更好地推进落实银行业信息化战略，由银行业信息科技风险管理高层指导委员会指导推动，编著了《银行业信息化丛书》（简称《丛书》）。这套《丛书》将挖掘、研究、总结、提炼和传播国内外信息化最佳实践、宝贵经验和最新成果，内容涵盖银行业信息科技治理与管理、信息系统开发与应用创新、信息安全、基础设施与运行维护、信息科技监管等主要领域，将为银行业信息科技人才培养提供一些基础性、前瞻性、实用性的知识和信息。

展望未来，银行业信息化任务艰巨、时间紧迫。希望银行业在有关各方支持下，推动信息化工作更加积极主动、规范有效、科学前瞻，为我国银行业持续健康发展、提升服务水平提供坚实的支撑，为增强国家网络安全保障能力、提升信息化建设水平提供有力支持，为贯彻落实创新驱动发展战略、实现中华民族伟大复兴的中国梦做出积极贡献。

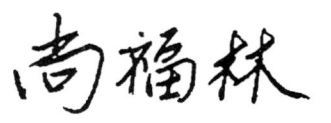

中文版致谢

　　《CIO2.0：移动互联时代的CIO领导力》是《银行业信息化丛书》引进项目的第三本，该书由银行业信息科技风险管理高层指导委员会与中治研（北京）国际信息技术研究院合作策划、翻译、审校，由清华大学出版社出版。在此，我们对参与翻译和出版的合作单位表示感谢！

　　本书提供了大量CIO最佳实践案例，以及经验和理念，把企业CIO的使命、领导力、新技术、新趋势、新思想系统地融合在一个理论框架中呈献给读者，是一本国际上经典的CIO管理专著。本书对中国银行业和其他行业的科技领导者了解全球新技术发展动向具有很好的参考价值。为此，我们要感谢本书的作者，国际著名的CIO资深专家Gregory S. Smith先生和他的研究团队。

　　在丛书出版过程中，高层指导委员会领导对丛书的出版工作十分重视，要求丛书要立足银行业改革创新，服务经济转型和产业升级；银行业要坚持以"自主可控、持续发展、科技创新"为信息化发展方针，以支持我国经济转型和产业升级为

发展方向，同步推进银行业信息化建设和信息科技风险管理，不断完善信息科技治理价值体系和能力；将银行业信息科技治理理论体系研究同实践紧密结合，逐步形成信息科技的自主能力、创新能力和可持续能力。为此，高层指导委员会办公室多次召集专家召开研讨会，确定选题方向和项目管理，确保丛书出版质量和效率。在此，我们对所有参加《CIO2.0：移动互联时代的CIO领导力》项目及其他丛书出版项目的领导和研究人员表示感谢！

本书从选版、翻译、审核、校对到出版历时近一年。在本书的翻译、出版过程中，特别需要感谢的是中治研的陈天晴院长和徽商银行首席信息官陈皓同志，他们对本书的选版、翻译和审核做出了重要贡献。同时要感谢参与本书翻译、审核的苗博、姜冰、王西琨、李芳、刘述忠、方渝军、马庆、洪浩、侯惠文、胡秀红、周正明等同志。最后，要感谢本书出版工作组的梁峰、包倩、刘洋、孙卫东、李长征、王东红、柳堤等同志的辛勤工作。

编委会

中文版前言

从2009年银监会首次提出商业银行应设立首席信息官岗位要求，到2013年底《中国银监会中资商业银行行政许可事项实施办法》明确将首席信息官纳入企业高管董事和高级管理人员任职资格许可，从监管角度建立和规范了银行业首席信息官的定位、职责和职业规范。首席信息官制度及其职业化有力地推动了银行业信息科技与业务的高度融合、风险控制能力和信息科技价值的实现，为银行业更好地驾驭信息技术和把握移动互联网时代创造了有利条件。

一个由移动互联网、云计算、大数据、物联网等信息技术引领产业发展的时代已经全面开启。为经济产业提供服务的银行业面临着前所未有的机遇和挑战。如何把握战略机遇，更好地推进产业转型和普惠金融服务是银行业的热点话题。作为银行业的监管部门，银监会在2012年以"自主可控、持续发展、科技创新"为主题的年会上，提出了信息科技引领创新的发展理念，意味着信息科技和首席信息官们将在银行的发展中发挥更加重要的作用。

　　《CIO2.0：移动互联时代的CIO领导力》一书，正如书名，在移动互联时代，需要首席信息官们自觉升级，以应对快速迭代的信息技术带来的新理念、新思维和管理方法的变革，如要由支持保障的角色转变为战略引领的角色。这是首席信息官们面临的前所未有的挑战，也是他们职业生涯的一个新起点。这本书提供了移动互联时代合格的信息科技领导者所要具备的基本能力架构和实现这些能力的方法途径，包括CIO的自我评估、如何引领技术新趋势、需要掌握哪些技术、如何获得授权、如何建立企业愿景和职业规划等组合建议。

　　本书共十章。第一章详细阐述了全球范围关于企业CIO的定位和现状；对移动互联时代CIO需要掌握的核心技术能力和架构及其重要性进行了分析，对如何建立判断技术趋势的能力提出了建议。第二章对引领移动互联时代变革的关键技术及其发展趋势进行了剖析，对关键技术应用所带来的管理和业务变革进行了预测。第三章论述了IT治理、战略规划和投资策略，书中阐述了IT治理的重要性，以及新技术发展对IT治理和战略规划的影响，并用IT投资组合管理PPM的理念论述IT投资风险和收益的关系。第四章介绍了建立以客户体验为核心的服务准则，建立新型的消费者、投资人、服务提供和外包者间的良好关系，及激励约束机制。第五章通过论述CIO与CEO等高管间的协作关系及相互间的需求，阐述了给高层做IT培训的必要性和方法，同时对建立一支高效的IT团队提出了具体方法。第六章介绍了CIO如何脱颖而出和具备未来高管的领导能力。第七章具体介绍了如何驾驭云计算和企业如何向云环境迁移。第八章介绍了个人消费设备进入企业并参与企业运营的情况下，如何保障企业运营安全和服务的质量。第九章论述了把握社交媒体的重要性和可行性。第十章介绍了CIO的职业发展空间。

　　本书具有一定的实用性和指导性，既综合了全球优秀首席信息官的最佳实践和最新理论，同时有预见性地提出未来首席信息官的重要作用和所需要的领导力，是一本实践性著作。衷心希望本书中文版能够给在信息科技领域的首席信息官们和企业高管层带来帮助，也为推动我国银行业及相关行业信息化安全可控、自主创新，实现向科技引领转型做出贡献。

题词

此书献给来自于不同组织和支持供应商的所有IT专业人士——他们改革创新的精神使我深受鼓舞，同时令整个行业变得更加生动有趣且生机勃勃。

同时，请允许我向所有的人事主管们的辛勤工作表达我的感谢，他们在招聘CIO和支持高管，以及对其进行角色定位的过程中起到了积极的作用。

最后，还要将这本书献给我的家人，感谢他们在我对此书的筹备及撰写过程中所给予的支持和极大的耐心。

目录

第二部分　CIO 2.0

前言

在过去的十五年里，我有幸作为首席信息官（CIO），为一些全球性大企业服务。在接受世界自然基金会（WWF）给我的第一个CIO职位之前，我曾在全球最著名的一家咨询公司担任首席顾问，也为财富200强的金融服务公司做过信息技术（IT）主管，在美国排名前20的大学做过IT安全顾问和客座教授。

过去几十年里，IT角色一直都在不断变化。回顾过去，我们经历了大型机集中式计算、客户端服务器（C/S）技术、Web1.0、电信技术发展，以及最近移动计算在智能手机和平板电脑技术上的重大突破。今天，我们又有了新的变革驱动力，那就是云技术、社交网络、电信和无线技术、虚拟化技术，以及消费者设备的升级。因此，各个组织对CIO角色的要求始终十分严苛，不仅要求有坚实的技术能力，还要有杰出的商业头脑和沟通技能，这些是成功的基本要求。

做好CIO，不仅需要制定周密精细的计划，还要不断学习最新技术，赢得员工和高管的信任，并具有能够很好提出或选择最高性价比解决方案的能力。

2006年，我出版了《直达顶端：成为世界级的CIO》这本书。该书有两个目的：一是帮助那些有志成为CIO的IT专业人士规划他们迈向IT顶端的卓越之路；二是为现任的CIO提供最佳实践经验和知识，这些知识包括那些来自大型企业CIO、人事主管和顶级IT咨询公司的经验分享，从而使现任CIO成为更好的IT领导者。

我希望《CIO2.0：移动互联时代的CIO领导力》这本书能够成为IT领导者们的得力助手，帮助更多的现任CIO、未来的CIO，以及其他业务专业人士更好地了解移动互联时代和掌握这个时代强大的IT力量，让他们的事业变得更加卓越。

目标读者

　　《CIO 2.0：移动互联时代的CIO领导力》一书的受众人群主要是IT和业务专业人士，尤其是那些立志要在IT领域登上高管职位的人，或是渴望成为其组织内顶级IT人才的人。本书是第一版的延续和扩展，将重点讨论改变当今IT格局的技术和业务驱动因素。

　　那些提供信息系统、计算机科学和IT管理的本科和研究生教育的学术机构，以及这些学科的院系，都可以通过使用这本书而从中受益。例如，本书中所提供的在现实社会中所需的技能能够帮助学生在技术管理上达到更高水平。

　　今天，一个成功的技术专业人士需要有强大的IT头脑、业务技能、交流沟通能力以及接纳不断变化的业务和技术的意愿。移动、社交和云解决方案正在逐渐走向成熟并渗入市场。那些非商业消费者对当今企业的技术有着深刻的影响。消费者技术和社交媒体的流行趋势使传统IT管理与今天的管理框架之间的界线变得模糊不清，这就要求顶级的IT领导者进行重新审视，并改造他们的企业，以适应这些技术

和驱动力。

《CIO 2.0：移动互联时代的CIO领导力》这本书描写了CIO角色不断变化的原因，以及未来对他们的期待。本书的话题超越了第一版的范畴，从而更好地帮助IT专业人士管理他们的技术环境。读者将从不同的人事主管那里获得一个更为广阔的视野，明白猎头企业到底看重CIO候选人什么样的资质、技能和经历。通过比较这两本书的内容，我认为本书在更深的层次上探索了推动IT变革的社交和技术驱动力（包括社交媒体、移动计算和云技术），就高管如何进行IT管理给出了建议，同时总结了承担技术领导角色后，CIO下一步需要做些什么。

途径

本书所呈现的信息和建议包括以下几个来源：1.咨询研究和案例分析；2.对不同的CIO专家和资深IT领导者的采访；3.对多家猎头公司的采访；4.我自己的经历，包括我对第一个CIO职位的规划以及超过十年的相关经验。本书中的受访CIO来自于不同组织，涉及多个行业和部门（包括学术机构、非营利组织、零售业、技术服务业、制药业和金融服务业）。CIO和人事主管的专业技能和信息来自于全球范围内的丰富从业经验。

本书的第一部分主要讨论影响信息技术和CIO角色的驱动和变革因素。本书在第一版的基础上进行扩展，进一步研究了治理、标准和服务水平方面的最佳实践，同时探讨了如何培训高管，并建立与其他高管之间良好的沟通和协作关系，以帮助他们取得IT成功。

第二部分则在本书前半部分所讨论的驱动因素和建议的基础上，讨论了当今的关键课题，即云计算、IT消费化以及社交媒体与网络。本书从顶级人事主管的角度，就猎头在招聘高级IT领导职位时应看重哪些技能，让读者得到更多启发。

致谢

此书的付梓离不开福雷斯特公司（Forrester Research）朋友们的支持，特别感谢乔治·科勒尼（George Colony），他所给予的研究支持及IT建议成就了此书的出版。

同时，我要感谢我的CIO领导者和高管同仁们所提供的帮助和深入见解。他们的独到见解，使我们找到了在当今复杂的IT和商业环境下应对现实挑战的方法，同时使这本书更具权威性。

此外，我还要感谢所有IT人事主管专家所提供的宝贵信息和见解，并且我希望这些信息能够对读者未来的职业规划有所助益。

最后，我要感谢约翰·威立出版社（John Wiley & Sons）的提姆·博伽特（Tim Burgard）和斯泰西·瑞维拉（Stacey Rivera），以及所有为该书的顺利出版而做出贡献的文字编辑们。

第一部分

CIO的变革和趋势

01 CIO变革的缘起

找到极限可能性的唯一方法是绕到可能性的后面去探寻那些不可能性。

——阿瑟·C. 克拉克（Arthur C. Clark）[①]

---

① Arthur C. Clark, Inspirational Quotes, www.inspirational-quotes.info/motivational-quotes.html （accessed on July 28, 2012）.

我非常荣幸能够撰写《直达顶端》系列丛书第二版，撰写此书主要出于以下几个初衷：一是信息技术（IT）市场一直保持强劲势头并且在不断变化，这使供应商、消费者以及IT专业人士都能够有机会使用不同的技术工具，得以用更加绚丽的色彩渲染他们的蓝图。二是我和约翰·威立出版社（John Wiley & Sons）的编辑们都意识到了市场对更新第一版书的需求，他们对我续写第二版有极大的信心，并且认为第二版的出版能够更好地帮助IT和商业人士。三是我不愿意看到首席信息官（CIO）不幸沦落为一个非技术的角色，过于依赖商业敏感度，而非依赖IT经验和知识。多年来，非技术型CIO已然在行业中成为一个热点话题。甚至在最近接受一个主流媒体的采访中，我被记者问及CIO是否仍然应是技术角色。对方给我提出建议，"可以以六个月为一个周期，由企业其他高管轮流做CIO，这样可以实现其他商业知识和职能与CIO角色的融合。"他还提到确实有一些机构正在试验这种独特的轮值程序。

当我被问到是否支持这一方式时，我的回答是否定的。我反问道："如果让CIO轮流去担任其他高管的职位，如首席财政官（CFO）或首席市场官（CMO），请问这是不是个好主意？"你可以预料到，CIO在年末做财务报告时的混乱状况，特别是还要应付各种各样的审计和管理问题。答案是显而易见的，这种情况就像是

让CIO坐牢一样难受。

那么，当今CIO到底需要具备什么样的技能呢？CIO不仅需要具备技术知识（理论的和实践的），同时还要具备扎实的业务技能，才能在当今和未来复杂的环境中取得成功。现实中，我见过很多在商界知名的CIO，他们曾经完成过重大而复杂的项目，但由于缺乏技术技能，结果无法获得员工的信任。我在本书的第一版中曾援引过一个对CIO的研究调查，在调查中超过40%的IT员工认为他们的CIO对自己企业的技术不够了解，也因此无法很好地领导各个部门。[①]所以，今天的CIO急需具备的是技术和商业双重头脑。

请允许我再次强调一下我的观点，今天和下一个十年的CIO必须是IT领导者，必须具有强大的商业和技术技能。他们需要掌握无线网络技术、安全技术、云计算、社交网络、虚拟技术、商业智能，以及那些诸如供应商与合同管理、传媒、财务金融与IT管理等"软"技能。我始终相信，一个具备上述技能和经验的CIO，再加上他在计算机科学和工程或是信息系统等学科里取得的学士学位，以及在商务学科取得的硕士学位，将会是一个"可怕的商业杀手"。我将在本书第六章中对该话题进行深入阐述，同时与来自各个领域、国家以及全球的不同人事主管对当今IT领导者所需具备的技能和经验进行详细探讨。

那些具有敏锐的商业头脑和经验的IT领导者毋庸置疑都需要依赖他们的下属或外部的咨询专家，来获取技术技能和IT专业知识。同时，那些只懂商业的CIO们却极有可能过度依赖他人。IT网络运营、移动以及云计算技术的概念——包括整合技

---

① Lorraine Cosgrove Ware，"What Do You Think of Your CIO？"，*CIO Research Reports*，September 15，2003，www2.cio.com/research/surveyreport.cfm?id=63（accessed February 26, 2005）.

术、软件发展、企业应用以及安全性的重大变革——几乎都是IT行业内的技术组成部分。我坚信那些具有扎实技术基础的CIO们才更有能力整合所有的IT部门，成功制定出一个长远的战略计划，赢得尊重和信任。战略的制定应当是以CIO为主导，同时结合其下属的综合讨论意见而成的，而不是一个由缺乏技术知识的CIO在其下属的影响和左右下形成的。

我在本书第一版里曾引用某个分析结果对此问题做过明确的表述，并从不同的角度和领域看待这个专业问题，即一个CFO是否需要掌握财务、金融管理和会计方面的知识？毫无疑问是必须的。所以同样，作为一个CIO也需要掌握技术知识。因此，今天的CIO领导者应当是一个具有全面素质的人，或者说，应当是一个技术和商业领域成熟的老手。

自从我所撰写的《直达顶端》一书的第一版出版以来，我就一直忙于拓展自己的事业，学习各种不断更新并影响IT管理的技术，并从我曾经有幸工作过的企业里学到了很多商业运作的知识。上述这三样事情非同小可，正像本书中所提及的，社交媒体确实活生生地存在于现实当中，并且对CIO的战略计划正在产生越来越深远的影响。社交媒体早已不再只是员工们在无聊的工作之余用于消磨时间的工具了。Facebook、Twitter以及其他技术都在以令人震惊的速度蓬勃发展，并且已经成为了今天IT战略的主流形式。

同时，云计算技术也不再只是一项试验，相反，它已成为了企业的一种商业模式和技术机遇，促进行业中各种应用的推陈出新，并且使应用程序具有更高的容错性和兼容性。伴随着供应商和模式的变化，消费类电子设备正以惊人的速度入侵IT行业，这让全球的IT专业人士为之头痛不已。老派的技术专家习惯于可控的环境和

系统，而现代社会的CIO则需要接纳并能够应对一个不断变化的技术现状。例如平板电脑、新型的智能手机、社交网络（包括手机社交网络）以及在云计算上的合作。这些外部的实例和因素迫使CIO要以更成熟的方式重新思考其战略和管理模式。

诸如苹果ipad平板、谷歌Nexus7、亚马逊Kindle、微软Surface平板以及三星Galaxy等消费设备，都在不断突破平板电脑的极限，将更多的IT商业转移到纷乱复杂的移动环境中。随之而来的是市场中个人数码助手（PDA）的严重过剩以及愈演愈烈的移动设备操作系统的幕后之战。BYOD模式对今天的IT部门产生了颠覆性的影响，对此我将在后面的章节中进行具体的阐述。实际情况是，IT的消费化已经发生，而且我们无力阻止。那些拒不接受这一趋势的人也许会被誉为安全卫士（security hawks），但他们却得不到其企业员工的爱戴，这些人多数都是60后、70后和80后的人（Generation X and Y）。

仅使用IE浏览器的时代已经过去，具有商业功能的智能手机也不再只有黑莓一款，那些身躯庞大的，将所有程序、数据和处理器储存在一个本地客户端和中央服务器上的PC时代也一去不复返了。是的，我们正处在一个新的时代。行业内的各企业都在争先恐后地开发云基础应用和移动应用。云计算和本地系统之间的数据整合也同时发生着改变，其复杂程度也随之增加，尤其是稳定性和安全性。

最近我在加拿大参加的某个CIO会议上谈到，不断改变的IT格局和驱动因素正在促使CIO重新评估其战略规划。现场听众里有很多CIO正使用移动、云计算和社交技术，他们对这些驱动因素的理解进行着交流，但确实还有许多CIO并未将这些

影响IT产业变化的驱动因素纳入到他们的战略规划里。这让我有些不解，而几个月后，当我在世界的另一端（印度和中国）时，我突然明白了。

很长时间以来，CIO都试图通过传统的管理模式来控制其环境，这些传统模式缺乏灵活性，事实上这些传统模式往往会主动回避那些影响市场的干扰性技术因素。我从许多保守的CIO那里了解到，他们不允许员工使用社交媒体工具，甚至还屏蔽员工的私人邮箱，禁止他们在工作时间上网购物，不支持或者不允许员工在工作网络中使用个人电子设备上网。这些CIO只为企业能够控制某些东西而牺牲掉了企业在技术和商业方面的机会。

如今，那些在市场上引领变革的技术都可能使我们的团队更具合作性和开放性，并在实现收益增长和获取消费者支持率方面更具广阔性和灵活性。因此，对今天的IT领导者来说，他们是时候改变自我去适应新环境了，否则将会遭到淘汰。而对下一代的IT领导者而言，现在也正是需要他们去改进现有IT领导水平的时候了。

在加拿大参加完会议不久后我发现，印度的CIO对新的整合技术并不太熟悉，而这些新技术恰恰能够促进从云端到云端、从云端到本地的整合。而在中国，CIO们几乎都不太重视虚拟技术使用及其战略。技术日新月异的变化使全球某些地方对新技术和战略的接纳速度比其他地方快。尽管如此，在某些情况下，缓慢的接纳新技术也是一种分散风险的好方式。

1.1　CIO的现状

最近，《首席信息官》杂志中有一篇文章中提出了这样一个问题，即IT行业是否面临着领导力危机？曾在马琳·霍克猎头公司（Marlin Hawk）主持招聘工作的亚伦·考恩（Aaron Cowan）认为"天才存在于市场中，全世界都在根据所需不断地创造着领导者。"[①]

新一代（next-generation）的CIO大都来自于不同的环境并具有多重背景，但主要包括以下两个方面：

1. 各个业务部门（市场、人力资源、财务、销售）；
2. 信息技术部门（软件开发、网络与电子商务、IT运营）；

在福雷斯特公司工作的哈立德·卡得（Khalid Kard）认为，"虽然现在60%~65%的CIO仍然具有深厚的技术背景，但我们所见到的CIO大都不再是传统的技术人员了。"来自于科恩·费里猎头公司（Korn Ferry）的马克·波兰斯基（Mark Polansky）曾这样说道，"有一些非IT背景的人也成为了CIO，但他们只是为数不多

[①]　Meridith Levinson, "CIO Role: Is IT Facing a Leadership Crisis?", *CIO*, October 21, 2011, www.cio.com/article/print/692324（accessed July 20, 2012）.

的特例，并非定论。"[1]

现在，美国的高级IT人力资源已不像从前那样丰富了。计算机科学专业出身的优秀CIO比起十年前也要少得多。作为拥有88亿美元资产的凯撒娱乐（Caesar's Entertainment）的首席信息官，卡里特娜·雷恩（Katrina Lane）曾这样抱怨，"我们企业想要提拔几个高级IT员工进入企业决策层，但是十分困难。"她解释说，"由于经济低迷，员工流动性减小（他们不愿意放弃已有的房子），因此你只能从极少数的人选中挑选候选人。"这样无法吸引到顶级IT人才，很难发展壮大。脸书（Facebook）IT部门主管提姆·坎普斯（Tim Campos）认为，"我们总是无法及时招募到天才级的优秀员工。"[2]

《首席信息官》杂志对CIO状况的最新年度调查（State of the CIO survey）表明，在596名被调查的IT领导者中，有82%的被调查者认为"预计在未来的三年内，全球性的经济衰退将对他们所在企业造成不良影响"。[3]同时由于很多企业都遭受过不计其数的网络攻击和数据被窃，因此有69%的被调查者预计，在未来三年内企业仍会出现重大安全问题。

现在的CIO已很少向首席执行官（CEO）直接汇报工作了，有数据显示，在过去的四年里，这种直接汇报的形式已呈下行趋势。2012年，只有38%的CIO直接向CEO汇报（见图1.1）。相反，《首席信息官》杂志调查显示，CIO向CFO直接汇报的情况反而呈上升趋势，升幅23%。[4]

---

[1] Ibid.

[2] Kim S. Nash, "Business Disconnect," *CIO*, January 1, 2012, 45.

[3] "*CIO* Magazine 2012 State of the CIO Survey—Executive Summary," *CIO*, January 1, 2012, 1.

[4] Ibid., 31.

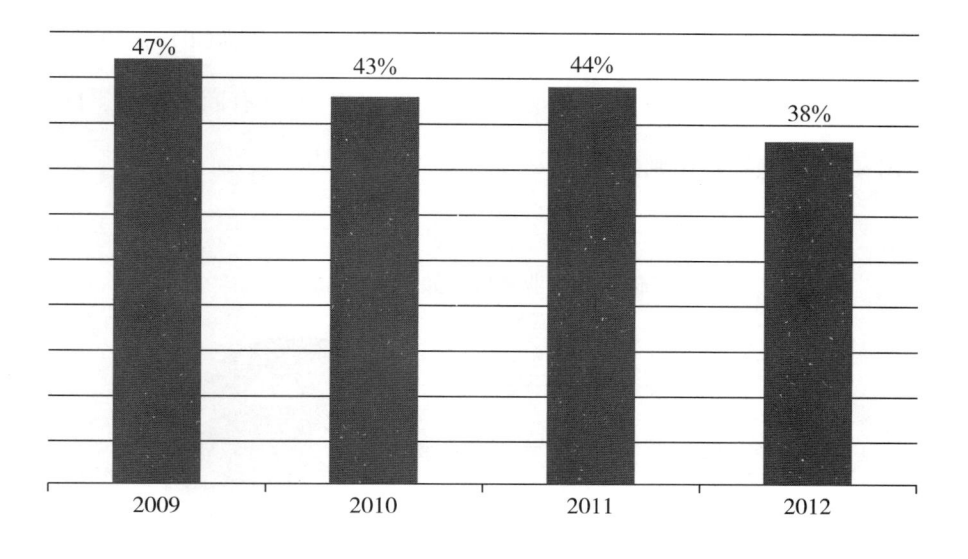

图1.1　CIO汇报比例

　　向CEO直接汇报的CIO人数逐年下降。23%的被调查者表示其直接向CFO汇报，同比2010年的19%和2011年的20%略有上升。

　　我和许多同仁一同讨论过有关汇报趋势问题，我们都认为，这项数据是美国经济衰退后期，欧洲经济刚刚开始衰退，中国经济增速放缓以及全球互动商业共同影响形成的结果。在我的职业生涯中共经历过四次经济衰退，每一次经济衰退都会导致企业更多地依赖CFO对企业的投资和成本进行管理。因此，我认为导致2013年这一趋势的根本原因仍在于此。

　　在经济发展不平衡的时代，IT企业和部门的压力越来越大。2013年CIO的现状调查结果受IT行业股东们的观念影响很大。近些年，尽管大多数CIO在战略方面的贡献有所增长，但"仍有57%被调查的CIO认为他们只是服务提供商或技术合作者"；仅有7%的CIO认为自己是"业务游戏规则改变者"；30%的CIO认为自己是"IT合作伙伴"；27%的CIO作为"服务提供商"；21%的CIO则认为自己的部门被

企业当成了一个"成本中心"，没有为企业创造有用价值，或者是根本没有价值；15%的CIO作为"业务伙伴"（见图1.2）。有趣的是，有人认为CIO向CEO直接汇报与CIO的商业头脑有很大关系。IT行业以外只有38%的CIO具有商业价值，IT行业内的CIO当中，技术领导者达到60%。[①]

你认为企业领导者如何看待IT

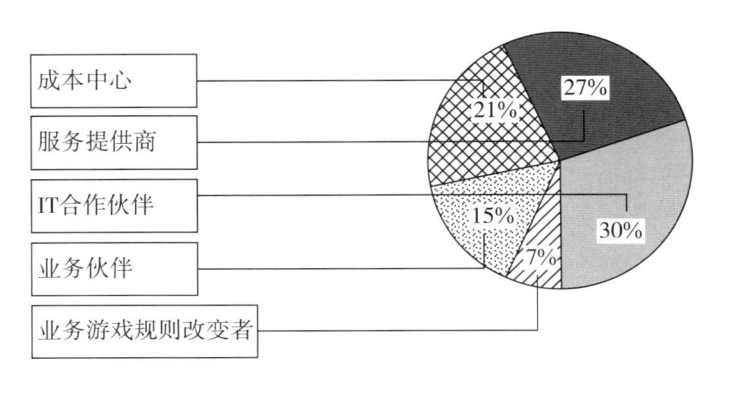

图1.2　CIO的自我评价：他人如何看待你

好在有66%被调查的IT领导者在管理决策层中仍占有一席之地（见图1.3）。[②]任职期限呈上升趋势，平均任期为五年零四个月。[③]

那么，对IT部门和CIO的未来发展趋势而言，所有这些数据意味着什么呢？根据调查数据显示，CIO对自己有效完成的年度目标持乐观态度：63%的CIO认为自己这一年来表现不错，36%的CIO认为这一年是充满挑战性的一年，而1%的CIO则表现得不太乐观。然而，对企业和部门的商业前景而言，这些数据却正好相反：认为这一年是充满挑战性的一年的占65%，认为这一年还不错的占34%（见图1.4）。[④]

---

① Ibid., 1.

② Ibid., 31.

③ Ibid., 34.

④ Ibid.

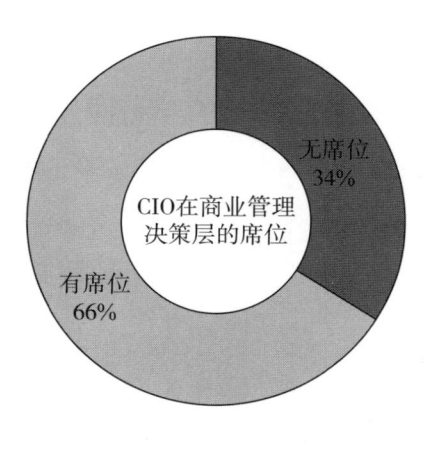

图1.3 你在管理决策层有一席之地吗?

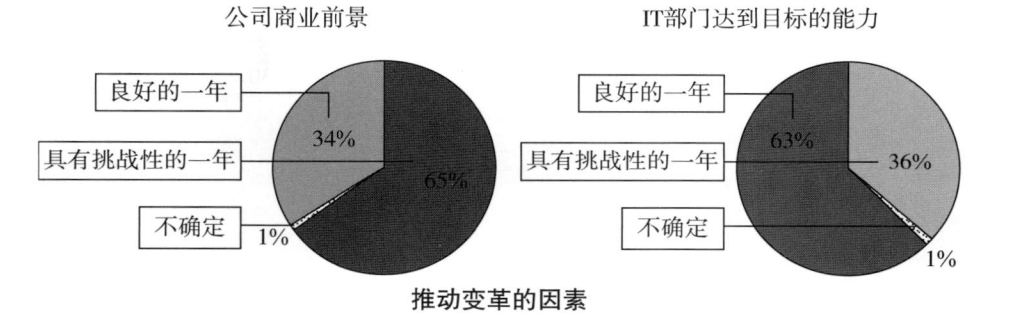

推动变革的因素

以下这些趋势对未来CIO的角色将产生根本性的影响:

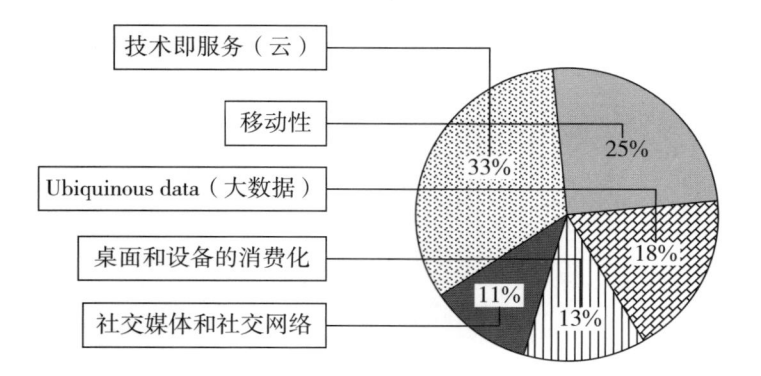

图1.4 2012年前景展望

资料来源: www.cio.com, 2011年12月15日和2012年1月1日

想怎么做

在未来的3～5年内最想做的事情：促进商业变革，寻找竞争差异的机会，发展和优化商业战略；在未来的3～5年内最不想做的事情：IT危机处理，与IT供应商谈判，成本控制。

1.2 核心技术的重要性

今天，作为一个成功的CIO必须要有强大的IT技术作为后盾。市场上的一些研究表明，在CIO所应具备的技能排名中，技术技能的排名落后于商业敏锐度和交流能力。在我看来，在过去几年中我所遇到的很多CIO似乎更多地依赖于可靠的下属给他们建议，帮助他们做出技术方面的决策，仍然不具备推动IT发展的知识和能力。

在我最近给北美地区的CIO做讲座时，上述情况表现得淋漓尽致。尽管我了解的大多数IT领导者都具有出色的商业能力，投资许多新技术占领了市场，但也有一些CIO缺乏经营新技术的战略计划，比如像云计算或社交媒体这样的新技术，并且仍然依赖其下属去做大量的工作。

当我在另外两个国家和地区（一个是南亚，一个是中国）做演讲时，我发现那里的CIO同样缺乏对当今流行的技术（包括云计算、云整合技术、社交媒体以及虚拟技术）的认识。一些来自印度和中国的CTO或CIO甚至不了解诸如戴尔、AG软件以及IBM等知名供应商的最新云基础整合技术。我在研究中发现，全球范围内对领先技术的应用率确实有很大的不同，这与该技术在不同地区和国家的传播程度有很

大关系。总体来说是北美和欧洲引领着全球技术革新的趋势，但是这种情况也在悄然改变。

对今天的IT领导者而言，完全依赖其技术部门的下属是相当危险的，因为这意味着CIO工作的成功与否以及好坏程度全部取决于他的下属。一旦这个下属向CIO提出了糟糕建议并导致了项目的重大失败，该怎么办？如果影响到企业收益或客户满意度又该怎么办？糟糕的决策有时会让CIO丢掉工作。我无法想象，一个没有坚实的技术实力的CIO该如何领导他的IT部门。对于我个人而言，我肯定不会将我的职业命运交到下属手里，任由他们去做那些本该由我负责的战略和技术决策。当然，CIO除了需要掌握现代核心技术知识和经验外，同时还要掌握其他的"软性"技能（如对所在企业的商业敏锐度）。综上所述，具备整体综合实力的CIO才是一名真正合格的CIO。

以下是我在本书第一版中曾提出的CIO应具备的重要IT技能：

- 应用和软件结构备份

- 数据库管理系统

- 网络化和无线技术

- 合作系统

- 安全性

通过对IT企业财务的支出预算以及2012年CIO现状调查的分析，我们认为当今CIO应具备的重要技术技能应该是：

- 云计算与虚拟化

- 整合技术（中间件）

- 移动设备和无线技术

- 电信

- 全新的安全性——包括数据泄露和预防

- 大数据分析以及商业智能整合

- 社交媒体与社交网络化

在第一版中，我重点强调了那些通常在企业数据中心或由合作伙伴托管的架构问题。图1.5展示了六年前或更早以前能够在数据中心找到的架构组成构件。为了更好地理解"架构"这个概念，CIO需要了解网络原理、数据库、集成技术、集成以及操作系统的规模和性能等方面的知识。直至今天，许多技术专业人士仍在使用"架构"这个概念。

今天的"架构"尽管仍包含不少六年前就已经使用的组件，但同时也包含其他的集成技术，该架构依赖于外部公共云和私有云计算解决方案供应商和虚拟化技术。图1.5所示的架构表现出一个共同的变化，即都使用虚拟技术替代专用服务器。虚拟化技术比以往的数据中心和系统配置技术更具优势。它的好处有：（1）对服务器容量的科学利用通常可以降低整体成本；（2）减少能源消耗；（3）提高服务器资源的容错性；（4）更快地提供服务器资源；（5）由于能够在各数据中心之间复制数据和系统，从而大大提升了灾难恢复的规划和执行能力。越来越多的CIO开始将云计算吸纳到企业的架构中去。本书第七章将对云计算进行详细论述。

图1.6展示了本地数据中心和云数据中心之间的连接关系。云技术的出现要求CIO在与供应商进行合同谈判时，要关注系统的正常运行时间、服务器配置、磁盘

空间的使用与成本、服务水平协议（SLA）、安全性、数据整合以及违反SLA后的赔偿问题。现在，越来越多的CIO使用云计算解决方案，这就要求他们对整合技术、云端供应商所提供的服务及其服务水平协议予以更多关注。

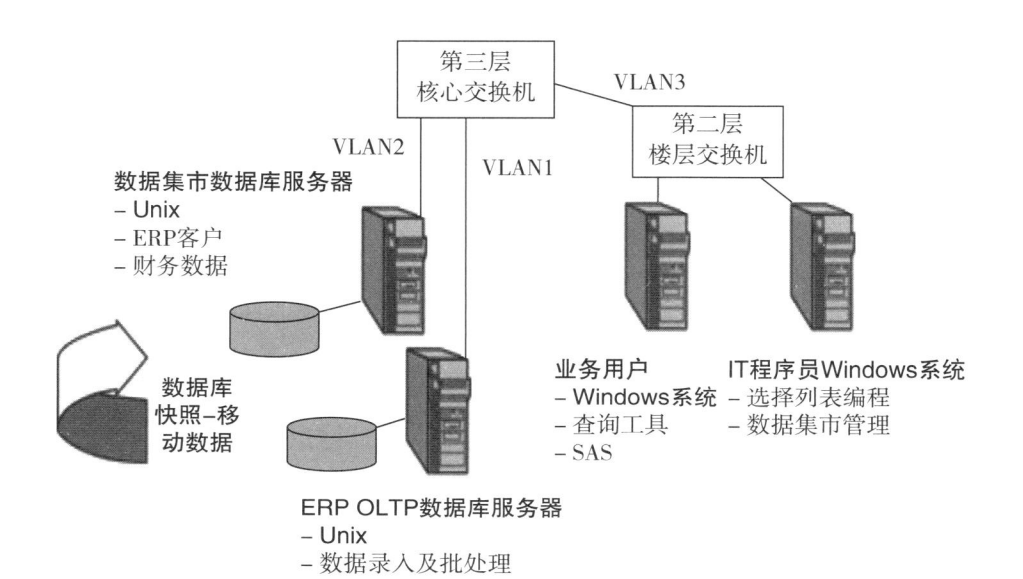

图1.5　使用OLTP进行决策支持的IT架构示例

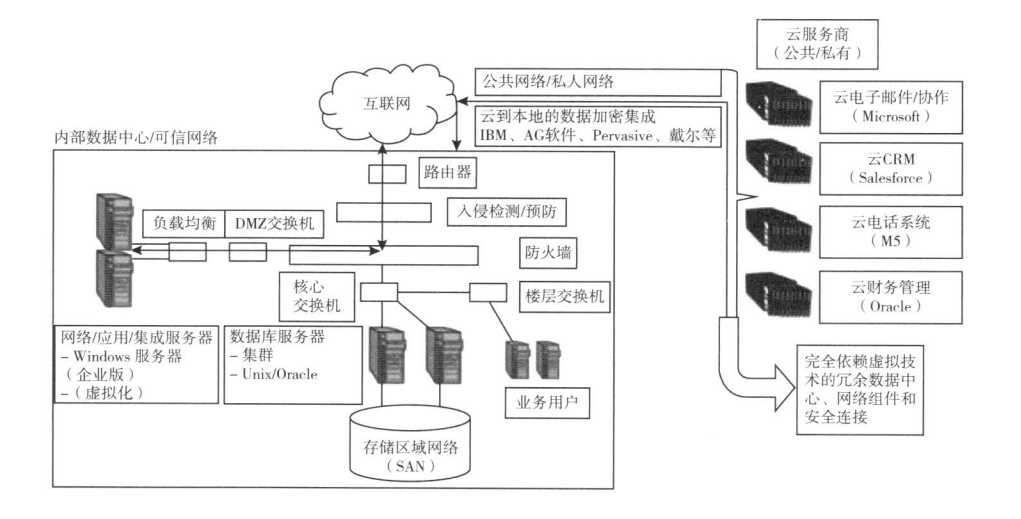

图1.6　云/集成架构

如今虚拟化技术也已从服务器转移到了网络化设备和客户端设备上。对于云端供应商而言，为了提供负荷平衡、防火墙、入侵探测、预防设备以及转换开关而升级虚拟化技术，这些都已变得再平常不过了。尽管虚拟化技术在数据中心内已经逐渐成熟起来，但在客户端方面（尤其是用户电脑或笔记本电脑）却仍然处于起步发展阶段。用户逐渐需要线下工作或者在企业网络以外的环境中工作，这导致用户会选择使用移动设备，而用户移动设备的激增恰恰限制了个人电脑上的虚拟化进程。例如，Citrix和EMC/VMWare这些供应商在一直不断地努力解决线下虚拟化需求，在未来的几年内其技术成熟度和应用规模有望取得重大进展。

图1.7所示为绿色IT架构示例，通过虚拟化技术和刀锋运算以实现对能源和服务器的绿色应用（通过高密度方式）。今天的一些SAN磁盘系统融入了智能能源灵敏技术，使得原先在高速、高能的设备上传输的信息自动转到低成本、低能耗的设备上运行。

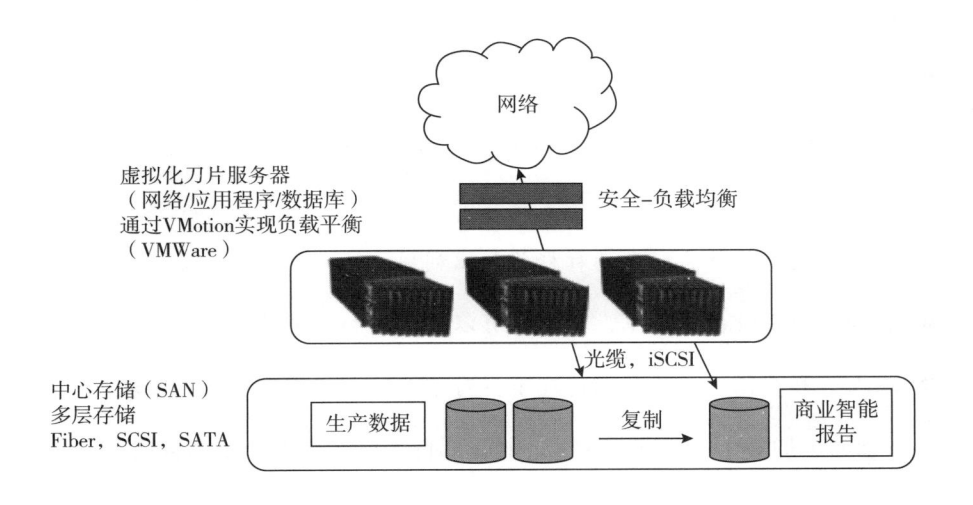

图1.7　绿色IT架构示例

为充实本章内容，我特意向知名的CIO/执行官专家团咨询了有关当今CIO的角

色以及这些年CIO角色发生变化的原因这两个问题。他们给予的见解如下所示。

CIO调查

你认为当今CIO的三大主要角色是什么？

● 技术管理与革新，促进商业发展，创造良机。

● 对企业和客户而言，尤其是处在当今企业文化的转型时期，需要谨慎指导员工。

● 在不断变化的供应链里（从资源到销售，从概念到分配环节）建立坚固和抗风险的商业生态环境，并以此疏解和管理上下游风险。

——马丁·冈伯格（Martin Gomberg），A&E Networks前首席信息官、高级副总裁兼全球业务保护总监

● 建立一个生态系统，增进与客户之间的距离。

● 在不断变化的环境（政策、市场变化、商业新方向）中，需要具备创新精神、商业头脑和敏锐的嗅觉。

● 建立一个全球性的员工体系。

——桑杰·哈提纳尼（Sanjay Khatnani），J2 Solutions总裁

● 懂得如何将IT作为转型的杠杆并加以利用。

● 在合理使用IT的情况下，确保能够以最优的和缜密的态度进行投资管理。

● 在人力和其他资源不足的情况下，对专业技术知识进行优化管理。

——德尼·加隆（Denis Garon），财政部首席信息秘书处秘书合伙人

● 成为一个值得信赖的商业顾问和合伙人。信用是在关系中建立起来的。

- 做商业变革代理人

- 向内部客户宣传、推广并出售技术解决方案。

——乔尔·施瓦尔贝（Joel Schwalbe），CNL Financial Group CIO

为什么CIO的角色在过去的三到五年里发生了变化？

- 技术进步就是简化技术栈里的较低层（企业架构中的基础设施）。

- 云计算的出现将关注点从传统的IT转向提供解决方案上，并且商业领导者需要具备更多技能。

- 我们不可能再像千年虫和互联网大爆炸时期那样无休止地进行IT投资。未来的预算将十分吃紧，并且这种吃紧的状态会一直延续下去。

- 客户和员工之间对彼此的预期变得模糊。个人电脑或本地计算模式是人们过去所习惯使用的解决方案，但现在这些笨拙的处理方式已不再适用于商业交易和工作。

- 如果过去10～15年的IT服务费用始终未被结清，将严重妨碍大多数企业的发展。

——皮特·克莱森（Peter Classon），Liquid Hub Inc.合伙人

- 我认为，当今数据的重要性使CIO比以往任何时候都更趋向于一个变革者的角色。数据分析、社交媒体以及数据整合使现在的信息企业比过去更需要进行战略调整和推进。

- 网络犯罪使CIO更加关注对数字资源的保护，今天的CIO要承担起一个信息保护先锋的角色。

- SaaS、IaaS以及云基础解决方案时代已到来，这使CIO从解决方案的开发者变为关键整合者，这将引领产出投资趋势而非开发投资。通俗地讲，这需要CIO更

专注于结果，而非应用开发过程。

——埃德·安德森（Ed Anderson），世界宣明会（World Vision International）全球CIO

- 如果想要成功，则需更多关注关系和业务，而非技术。
- 我关注业务问题的解决方案，其中是否包含技术是无关紧要的。
- 业务的预期已经发生变化。现状并不能被人接受——CIO必须经常留意识别并利用一些概念，这些概念会赚取更多利润、降低风险或提高效率。IT部门要么会被视为一群"命令的接受者"，要么被视为企业中的一个战略元素，是最终提高企业竞争力的一个扩展因素。

——乔尔·施瓦尔贝（Joel Schwalbe），CNL Financial Group CIO

- 应当更加专注于经济（收益和成本）以及风险管理。

——大卫·斯沃茨（David Swartz），美利坚大学CIO

1.3　功课

我是计算机专业出身，后又借助优秀的培训项目主修了商科。我毕业于马里兰大学公园学院，该学院的计算机学科全美排名第7，商科全美排在前25名。毕业后，我先在一个咨询企业做了几年的程序员，在那里认识了很多优秀的同事，我们工作上通力合作，一起分享知识与经验。后来，我幸运地成为了团队的领导，继而成为经理。做经理的丰富经历让我获得了管理大项目和合同谈判的经验。

后来，为了拓展我的商业知识，提高IT管理能力，我在约翰霍普金斯大学选修了MBA课程。到了20世纪90年代初期，我加入了一家财富200强的大型金融服务企业，从那时起接触到了更大型和复杂的系统。这些系统包括财务系统、实时交易应用程序、电信传递系统（金融电视信号地面和卫星传输）、互联网激活的应用程序、数据库管理系统以及决策支持和商业智能系统。1992年，也就是在我29岁的时候，《LAN时代》刊物发表了我的第一篇文章。

之所以提及我的教育背景和工作经历，是因为我的经历正好印证了一个观点，

即IT产业永远不可能是停止不前的，它日新月异的发展促使人们需要不断地接受教育和培训，紧跟行业发展的步伐。我认为，教育有多种形式，并不仅仅只有通过专业的正规教育和学位获得。你还可以通过考取资格认证，或学习你所在企业所投资研发的技术来提高自身的职业素养。同时，不要忘记随时关注其他企业和产业正在专攻的领域和研发的技术，因为这些关注点通常预示着技术投资的领先优势，并可能成为未来市场上技术革新的驱动力。

我出版了四本专著，在全球做过几十场的讲座，也撰写过很多文章。直至今天，为了使自己处于新技术的最前沿，我仍然坚持通过读书、观看供应商的PPT，并参加技术培训等方式，继续学习新知识，并与人们分享和交流。

我要求自己去适应不断变化的技术流行趋势，这也是我们大多数人的工作内容。在适应IT变化的同时，我又根据不断变化的技术和工具对安全和系统集成问题重新进行梳理。我鼓励并提倡其他的IT管理者们要向新一代的IT领导者学习，正是他们对破坏性技术的接纳和使用，促进了IT行业的技术革新。作为一个专业的综合团队，CIO要带领大家勇于突破自己，站到外围客观看待的问题，不要总是习惯性地和想当然地对待问题，尽量调整自己去适应这些新的变化驱动力和新技术。无论我们是否喜欢或接受，这些技术必将影响未来。要么接受，要么就被淘汰。

当我在整理CIO调查问卷时，曾被问及"当今CIO最重要的一项技能是什么？"沉默了许久后，我回答道，"是说'不'的能力"。这并不意味着作为CIO我提倡用诸如"这个不可能"、"这个我做不到"、"我们没有足够的人手和资金"等消极的态度予以压制性的响应，相反，它意味着一个成功的CIO应当能够分辨出他们在有限的资金和资源条件下（内部资金资源和外部咨询）能做什么和不能做什么。

凡是成功的CIO都清楚自己的局限性。正如在20世纪70年代一部十分流行的警匪影片《肮脏的哈里》（*Dirty Harry*）里的克林特·伊斯特伍德（Clint Eastwood）警官所解释的那样，每个人都有自己的局限性。旧金山最好的好人哈里·卡拉汉（Harry Callahan）拿枪指着一个刚从追捕他的警察身边逃跑的罪犯，当这个罪犯被逼到死角后，哈里对他说，"你必须问清楚你自己一个问题：'我是不是觉得自己很幸运？'你这笨蛋难道不幸运吗？！"片刻后（而且我很确信这是好莱坞式的启发反应时间），这个罪犯扑向了哈里的枪。这时哈里回击开了枪，杀死了这个恶棍。在电影《紧急搜捕令》（*Magnum Force*）中，伊斯特伍德向他的副官提出了一个如诗歌般的建议："一个男人必须明白自己的局限性，否则到死也不会明白为什么！"在如今这个充斥着移动、社交和消费设备的IT世界里，我也为那些想要成功的CIO们给出我诗歌般的建议。

你应该了解：

- 项目的实施途径，以及IT变化对现有计划的影响。

- 员工的能力和可用性。

- 客户的需求、特性和商业动机。不是所有的都最重要。

- 供应商的产品和能力。CIO应当具备从市场上那些天花乱坠的广告宣传中快速过滤掉无用信息，并在短时间内了解产品性能的能力。对于今天的CIO而言，时间就是金钱，况且多数CIO也没有太多时间可以浪费。

- 咨询顾问的能力和忠诚度。注意，有些所谓的顾问可能是间谍，而有些可能只是个"混世魔王"，为寻求安身之处而未尽其责。

- 你的同事和他们的需求以及工作中你们之间相互配合的默契程度，我觉得这一点比其他方面都重要。

总之，作为最开始我所陈述的有关对"不"的响应，我想再次强调：今天的CIO必须了解自己的局限性，必须了解你的商业客户，并且要和客户建立互信关系，同时，必须了解和信任你的员工。工作中面对困难时要说"是的"。是的，我们能够将这个新的项目加入到产品目录中；是的，在时间和预算方面我们能够满足你的要求。你们要明白，你今天所承诺的"是的"，将来要付出怎样的努力和代价（到底需要怎样的资源、时间和资金）才能实现。这才是对"是的"的最新诠释，即用付出的努力来满足需求。

1.4　攻略

我给CIO或有志成为CIO的专业人士的建议是：务必要掌握核心技术，这是领导一个世界级IT团队所必须的技能。今天，每个人都必须有能力主导自己的职业生涯并好好规划。你必须要坚韧不拔，要有耐心，及早规划你的职业生涯，并制定清晰可度量的合理目标，只有这样才能真正实现你的目标。为了使IT专业人士更好地去适应今天技术和商业文化的变化，并取得最终成功，我建议：

● 义务参加或领导项目团队，并从中获得更多的IT技能和商业知识。

● 不断学习。对年轻的专业人士而言，可在本科学历的基础上再修一个更高的学历，有些课程能够提高你的团队领导力和战略规划能力，一定要认真学习。我建议你去那些传统的、非营利性教育机构学习，而非那些营利性的学院和大学，因为这些营利性的机构大多只提供网上学位。如果你选择接受正式的教育，那么就尽力去最好的学校吧，因为学校的声誉很重要。

● 加强你的商业知识。约同事一块儿吃个午饭或是组织一个午餐研讨会，借此学习一些企业所在行业的专业知识。

● 参加一个讲授企业使用的最新技术的再教育课程，并拿到资质。如可能，要紧密关注那些有关安全问题的最新流行趋势和技术，以及社交媒体、云计算、整合和消费者技术管理方面的知识。

● 在你的简历里加入你的咨询经历和经验。因为咨询是了解商业需求的一个独特的途径，你能够从中学习如何从完全不同的视角去创造价值。这种经历对于今天的CIO而言是必须的。据我所知，通常具备咨询经验的管理者，在与供应商进行谈判时往往会表现得更好。

● 与有业务往来的（或是将来可能有业务关系的）供应商建立联系，从他们那里学习新的技术或程序，这些知识很有可能在今天复杂而充满挑战的商业环境中派上用场。

● 在你的部门内部或企业部门与部门之间组织开展午餐研讨会，借此学习和交流相关的技术和商业信息。

● 参加有关最新技术及其相关技术的供应商研讨会和展示会。

● 阅读期刊和其他出版物，有助于在IT领导力和战略规划方面增长见识和视野。

● 如有可能，对那些解决现实商业问题的实践案例和供应商解决方案进行研究和回顾。福雷斯特公司和高德纳公司（Gartner Research）这样的IT咨询公司在技术、供应商和战略等广泛领域里拥有极强的分析和研究能力。

● 与你的同事和下属分享想法和经验，创造一个学习的文化氛围。

综上所述，CIO只有具备深厚的技术背景、敏锐的商业头脑、必胜的雄心以及乐于分享的态度，才能为企业创造更大的价值，促进企业的增长。那些努力想成为CIO的人们，现在就开始朝着下一个工作的方向努力吧。只有全面展示出你对这个工作的驾驭能力，你才可能获得更快的升职机会。记住，有志者事竟成！

02 引领变革的IT技术和趋势

未来属于那些相信自己并且有梦想的人。

——埃莉诺·罗斯福（Eleanor Roosevelt）[1]

---

[1] Eleanor Roosevelt, Inspirational Quotes, www.inspirational-quotes.info/dreams.html （accessed July 28, 2012）.

推动今日技术革新的因素体现在企业对技术的投资上——无论是对现在的投资还是对未来的投资。《首席信息官》杂志中"2012年CIO现状"研究报告显示，大型企业的投资相对较少，投资只占收入的3.7%；小型和中型企业的投资则占4%～6%（见图2.1）。通过分析这些数字我们不难看出，对高新技术的使用一直是重头，占到收入最高的7.6%，而今年行业的平均值为4.7%。对健康医疗、制造业以及零售业投资的百分比较低，分别是4%、2.6%和2%。正如我们所预期的，商业智能、移动和云计算是今年以及未来一年要做的项目，对三者的投资分别占财政投入的49%、48%和40%。①

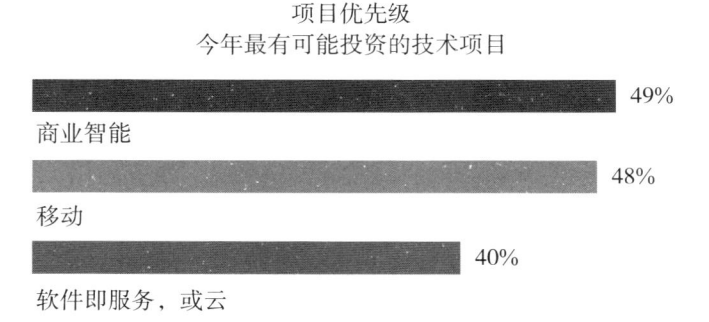

项目优先级
今年最有可能投资的技术项目

商业智能 49%

移动 48%

软件即服务，或云 40%

---

① "State of the CIO 2012," *CIO*, January 2012, 36.

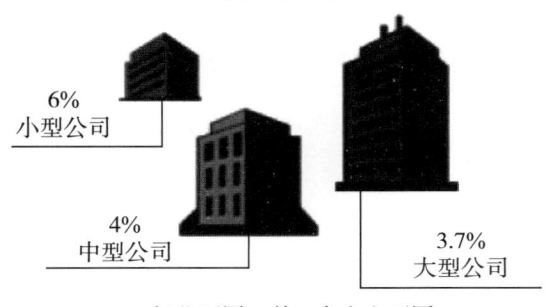

公司规模不同，其IT支出也不同
（占收入的百分比）

6%
小型公司

4%
中型公司

3.7%
大型公司

行业不同，其IT支出也不同

行业	IT预算占收入的百分比（%）
高科技/电信/公用事业	7.6
金融服务	6.1
所有行业的平均值	4.7
健康医疗	4
制造业	2.6
零售/批发/分销	2

图2.1 财务支出

2.1 投资流向

我始终认为，全球的CIO目前正在投资或近期打算投资的领域，正是CIO和IT领导者们需要关注的，甚至是必须了解的技术领域。在本书的第一版中，我特意审查了由Robert Half所负责的、约有1 400位CIO参与的调查，这里将他们的IT投资的集中领域总结如下：

● 网络安全（35%）

● 数据库更新与安装（16%）

● 客户关系管理（CRM）系统（15%）

● 数据储存与备份（13%）

● 无线通信（10%）[①]

一项由《首席信息官》杂志组织的有231人参与的调查显示，他们将对以下四项内容追加投资：

---

① "Safety First," Robert Half Technology press release, February 25, 2005, www.roberthalftechnology.com/PressRoom（accessed February 27, 2005）.

（1）安全软件

（2）储存系统

（3）计算机硬件

（4）数据网络设备[①]

根据《首席信息官》杂志的"2005年CIO现状"的调查，当被问及什么样的技术能够代表和反映未来的技术革新时，有73%的被调查者认为是IT架构重设，有55%的被调查者认为是数据途径与储存，还有49%的被调查者认为是网络服务。从全球CIO所给出的排列顺序中我们看出，美国、日本、韩国、德国、澳大利亚和加拿大的CIO们均认为2005年全球排名前三的技术分别是：对系统和处理能力的整合与加强技术、确保数据安全与完整的技术以及实施外部客户服务与关系管理的技术。[②]

位于马塞诸塞州剑桥镇的福雷斯特公司已为美国乃至全球的IT界人士制定出了2012～2013年度的IT投资规划。[③]

美国

在美国货币调整的基础上，本国市场在2012年和2013年分别增长了7.1%和7.4%。

● 计算机和外围设备投入从2012年的1030亿美元增长至2013年的1120亿美元。

● 通信设备投入从2012年的920亿美元增长至2013年的940亿美元。

---

① "IT Spending Projections Rebound Slightly in February," *CIO*, March 1, 2005.

② Elana Varon and Lorraine Cosgrove Ware, "The State of the CIO around the World," *CIO* May 1, 2005.

③ Andrew Bartels, "US Tech Market Outlook for 2012 to 2013," Forrester Research, April 4, 2012.

- 软件投入从2012年的2320亿美元增长至2013年的2590亿美元。

- IT咨询服务投入从2012年的1900亿美元增长至2013年的2070亿美元。

- IT外包投入从2012年的1950亿美元增长至2013年的2070亿美元。

- 电信服务投入从2012年的2120亿美元增长至2013年的2310亿美元。

- IT人力投入从2012年的2410亿美元增长至2013年的2580亿美元。

以下这些数字的变化恰好体现出了行业发生变化的方向，这也正是CIO需要关注的重点：

- 移动应用程序和中间件（上升14个百分点）：占调查的54%

- 商业智能（上升14个百分点）：占调查的46%

- 安全软件（上升8个百分点）：占调查的38%

- 合作软件（上升5个百分点）：占调查的35%

- 企业应用程序商店（上升6个百分点）：占调查的35%

- 专业行业应用程序（上升9个百分点）：占调查的34%

- SaaS总和（上升15个百分点）：占调查的25%

- 企业社交网络工具（上升4个百分点）：占调查的27%

- 大数据解决方案（上升6个百分点）：占调查的20%

全球

在全球货币调整的基础上，全球技术市场在2012年和2013年分别增长了5.4%和8%。[1]

---

[1] Andrew Bartels, "Global Tech Market Outlook for 2012 and 2013," Forrester Research, January 6, 2012.

外包投入在2012年和2013年均持续增长，增长幅度分别达6.7%和6.0%。经过2010年一年的良好发展，全球市场对通信设备（如路由器、转换器、视频会议设备、广播设备和两用收音机）的需求也增长了3%。在2012～2013年间，涨幅达到4.6%。①

- 计算机和外围设备投入从2012年的4380亿美元增长至2013年的4770亿美元。
- 通信设备投入从2012年的3420亿美元增长至2013年的3580亿美元。
- 软件投入从2012年的5290亿美元增长至2013年的5830亿美元。
- IT咨询服务投入从2012年的4270亿美元增长至2013年的4650亿美元。
- IT外包投入从2012年的3850亿美元增长至2013年的4080亿美元。

研究表明，2013年只有整个IT投资增加时，以欧盟、中国和美国经济环境为基础的全球市场的强势回归才真正体现出来。全球增长最快的IT市场如下所示：

- 巴西（15.1%）
- 印度（14.3%）
- 墨西哥（14.3%）
- 中国（13%）
- 澳大利亚（8.2%）
- 美国（6.6%～7.1%）②

福雷斯特公司的研究报告显示，"亚洲、美洲市场和一些新兴市场的IT投资部

---

① Ibid.
② Ibid.

分弥补了欧洲市场对IT投资的不足",这种投资不足主要是因为欧洲的经济困境。全球对欧洲IT投资的整体增长预期不超过2%,对意大利和西班牙的增长预期则为1.5%～2%。①

根据《华盛顿邮报》报道,2013年美国政府在IT上的投资下降了0.75%,只有788亿美元。而美国政府是全球产品和服务消费的最大购买者之一,因此,有人预计2013年仅国土安全部在IT上的投入就将达7.29亿美元。出于对网络安全的研究,美国2012年的IT投入涨幅超过20%。有人预计美国将在新技术领域投入22亿美元,在科技教育上投入30亿美元,在国家卫生研究院(NIH)的生物经济项目和医学研究上投入307亿美元。②

安全性和云计算很有可能是美国政府近期首要投资的项目。自2009年以来,超过35个机构转移到了云计算环境中,预计2013年还有30个左右的机构会陆续加入云计算大家庭。③但随之也会产生一些问题,例如云迁移将很有可能导致政府自有的数据中心以及政府运作的数据中心倒闭或是减少,同时这些数据中心的IT人员也可能面临失业。

2011年,美国对所有诸如劳动力计算、个人电脑、服务器、系统管理、数据中心、磁盘存储、现有技术维护等在内的投入占到整个IT硬件预算的23%。但这个百分比在随后的两年时间里却有所下滑,这主要是由于Windows7系统的出现以及"BYOD"工作模式的流行。福雷斯特公司认为未来IT专业人士会把"安全和效

---

① Ibid.
② "Government IT Spending Key to Job Growth?" *Washington Post*, May 20, 2012, H1.
③ Ibid.

率"作为首要考虑因素，替代"用户选择和体验"。他们建议应优先考虑以下因素：

- 对重要技术的安全性进行升级。

- 推出客户虚拟技术。在数据服务器空间上，这项技术已广泛应用。

- 在"终端计算机"的领域中加入触屏平板电脑。

- 继续推广"自带设备办公"（BYOD）活动。

- 停止使用Windows7系统，尽快适应Windows8系统。[①]

---

① David K. Johnson, "Determine Your Workforce Computing Hardware Budgets for 2012," Forrester Research, February 23, 2012.

2.2　技术趋势

如前所述，通过分析并发现其他企业的资金流向，我们可以了解一些技术革新的发展趋势。在最近的一份报告中，福雷斯特公司列举了以下五项最值得关注的发展趋势：

（1）云计算。网络托管、电子邮件以及几个主流的企业资源计划（ERP）应用程序的出现加快了云端进程，预计将会在未来几年扩大规模。

（2）移动应用程序及设备。今天移动设备的消费化大大促进了"BYOD"计划的发展。现在的IT部门为那些非企业所有的个人设备提供技术支持，同时也暴露出企业数据存在安全性方面的隐患。

（3）社交媒体。Facebook、YouTube、Twitter以及LinkedIn都是当今被广泛应用的网络社交平台，而且越来越多的企业在研究如何利用这些平台赚钱，同时为自己的客户提供服务。但是其中的投资收益率（ROI）却很"微妙"，因此，千万不要

为了一味地迎合你客户的消费习惯而使企业增加许多无谓的成本。

（4）商业智能。我用了近10年的时间一直在研究商业智能这个热点话题。我认为渠道越多，数据越多，我们就越需要对商业智能进行更多的分析和研究，这样有助于企业更加有效地利用自己的数据。从网络和社交媒体渠道以及客户关系管理（CRM）中挑选出的大数据，会继续成为对商业智能投资的驱动力。

（5）虚拟化技术。服务器曾是虚拟化的首要对象，但现在，诸如存储、转换器、防火墙、安全应用程序、网络以及客户设备等一切可以虚拟化的对象都成为许多企业的虚拟化目标。[①]

云计算

以下是一些针对云计算这种新技术的有趣数据统计：

● 截至2012年9月底，全球每月登录Facebook网站的用户达10亿之多，其中81%的用户来自美国和加拿大以外的国家。[②]

● 主要靠广告投入支持运作的交流平台Twitter，每天的平均推送量达3.4亿条。[③]

● 2011年，全球私有云市场市值为78.1亿美元，预计到2015年将达到159.3亿美元。[④]

● 软件即服务（SaaS）占了全球云端市场的最大比例，2011年的财政支出总计

---

① Ibid.
② Facebook, Key Facts, newsroom.fb.com/content/default.aspx?newsAreaId=22 （accessed October 15, 2012）.
③ Twitter, blog.twitter.com/2012/03/twitter-turns-six.html （accessed October 15, 2012）.
④ Bartels, "Global Tech Market Outlook for 2012 and 2013."

达212亿美元。①

移动应用程序及设备

全球（企业、学术机构和其他机构）的移动计算消费市场正在迅速发展。以下是这方面的相关数据统计：

● 短信服务（SMS）仍是全球范围内使用最广泛的应用程序，它主要是通过低技术设备（手机或简单的计算机设备）在信号塔上的无线传输信号来实现信息通讯的。在2011年，全球每天有8万亿条短信发出，比2010年增加了十多亿条。②换算一下，相当于每秒要发出253 000条短信！

● 2011年，全球智能手机应用程序下载量达290亿个。③

● 国际数据公司（IDC）预测，移动应用程序的市场将持续增长。全球下载的应用程序数量也将从2010年的109亿增长到2014年的769亿。④

● 全球移动应用程序收入将有所增长，预计2014年将超过350亿美元。⑤

● 2012年YouTube移动端的使用流量占25%，点击量占到40%。⑥

---

① Ibid.

② "SMS Growth in Decline But Still Crushes Mobile Messaging Apps," Pingdom, November 8, 2011, royal. pingdom.com/2011/11/08/sms-growth-in-decline-but-still-crushes-mobile-messaging-apps （accessed November 11, 2012）.

③ "29 Billion Smartphone Apps Are Downloaded in 2011," Digital Lifescapes, November 3, 2011, blog. geoactivegroup.com/2011/11/29-billion-smartphone-apps-are.html （accessed November 11, 2012）.

④ "IDC Forecasts Worldwide Mobile Applications Revenues to Experience More Than 60% Compound Annual Growth Through 2014," International Data Corporation press release, December 13, 2012, www.idc.com/about/viewpressrelease.jsp? containerId=prUS22617910&sectionId=null&elementId=null&pageType=SYNOPSIS （accessed November 11, 2012）.

⑤ Ibid.

⑥ Matt Swider, "Google Now Considers Itself a 'Mobile First'Company as YouTube Soars," TechRadar, November 10, 2012, www.techradar.com/news/internet/web/google-now-considers-itself-a-mobile-first-company-as-youtube-soars-1111545 （accessed November 11, 2012）.

● 智能手机和平板电脑的销售量在2013年将超过10亿美元。[①]

● 高德纳公司预计66%的移动工作者将在2016年拥有自己的智能手机。[②]

社交媒体

爱迪生公司（Edison Research）对社交媒体的使用趋势进行了统计研究，结果表明：

● 2011年，使用社交网站的美国人中，有68%的人认为没有任何网站能影响他们的购买行为。

● 2012年，有47%的美国人认为Facebook对他们的购买行为有很强的影响力。

● 33%的Twitter用户很可能来自民主党。

● 45岁～54岁年龄段的人群是使用社交媒体人数增长最快的人群。

● 约54%的Facebook用户通过使用移动计算设备登录浏览网页，有33%的用户将Facebook作为主要上网途径。[③]

商业智能

商业智能（BI）及其应用正逐渐向社交媒体数据分析靠拢。商业智能服务器和数据正逐渐转向云端，使用移动设备（PDA和平板电脑）进行登录的用户在逐渐增加。例如：

● 今天Twitter为广告商提供了两个层面的分析途径，即在已付费和未付费两个

---

① Cynthia Harvey, "Gartner: Smartphone and Tablet Sales Will Top 1 Billion in 2013," Datamation, November 7, 2012, www.datamation.com/news/gartner-smartphone-and-tablet-sales-will-top-1-billion-in-2013.html（accessed November 11, 2012）.

② Ibid.

③ Tom Webster, "Why Twitter Is Bigger Than You Think," Edison Research, April 23, 2012, brandsavant. com/why-twitter-is-bigger-than-you-think/（accessed August 23, 2012）.

活动领域里展示其颇具深度的见解。[①]

● 商业智能正在向更易使用网络和云基工具上靠拢。《信息周刊》的一个最新调查表明，出于使用工具复杂性的考虑，使用商业智能的企业里也仅有25%的员工有权使用这些工具。[②]

● 高德纳公司数据显示，那些易于操作且具有战略价值的商业智能工具正以13%的速率增长。[③]

● 商业智能领导论坛2011年度调查显示，在使用商业智能的企业里，有超过33%的企业都已购入云基商业智能工具。有65%的企业计划在来年采用云端技术。[④]

● 移动商业智能正在蓬勃发展，也必将成为未来的技术趋势。高德纳公司预测，到2013年，33%的商业智能应用将在移动设备（如PDA或平板电脑）上进行。[⑤]

虚拟化技术

数据中心的虚拟化技术已经成熟（尤其是对服务器的虚拟化），并且该技术正逐步应用到其他的网络和安全设备。单一供应商的统治优势开始瓦解，变为两个供应商的"和睦相处"，即微软（Microsoft）和EMC/VMWare。虚拟化技术的扩展将更多发生在计算机终端领域，并直接与新的终端操作系统抗衡。例如：

● 高德纳公司曾预计，到2012年底将有48%的应用程序使用EMC/VMWare虚

[①] "Advertiser Analytics," Twitter, https://business.twitter.com/en/advertise/analytics （accessed August 3, 2012）.

[②] Jonathan Taylor, "Business Intelligence Trends for 2012," Klipfolio, www.klipfolio.com/resources/business-intelligence-trends-2012 （accessed August 3, 2012）.

[③] Ibid.

[④] Ibid.

[⑤] Ibid.

拟化软件。[①]

● 到2012年底，预计约有5 800万台虚拟设备投入运转。[②]

● 虚拟化技术不再仅限于虚拟服务器。转换器、安全装置、存储（云供应商及本地数据中心客户）的虚拟化技术也将得到长足的发展。

　　消费者也正在促进移动市场和云端市场的逐渐形成。对商业、员工、学生、研究人员、退休人员而言，他们越来越多地使用和升级移动设备，并在云端上储存越来越多的数据，这已经变得相当普遍。过去，一旦丢失智能手机或其他移动设备，里面的内容就会一并丢失，这种情况将一去不返了！例如，苹果的iPhone手机为用户提供了一个自动同步化的功能，能够自动将数据备份到安全的云端存储空间。福雷斯特公司预测，到2016年移动平台的佼佼者将会是苹果、谷歌和微软，预计这三家IT巨头将会占据美国智能手机市场91%的份额，占平板电脑市场98%的份额。预计到2015年私人wifi的连接点将增长至6.48亿个，同时公共wifi连接点将从130万个扩张至580万个。移动应用程序的市值将从2012年的60亿美元激增到2015年的557亿美元。这种"井喷"式的增长趋势或许只可能在IT产业里出现。[③]

　　技术市场的革新将持续引领潮流，推动产品革新，促进销售和收益，开创全世界人民交流、合作以及购买产品与获取服务的新格局。

　　我最近读到一篇很酷的文章，作者介绍了一种非常有趣的技术创新，该技术与早前提及的众多革新技术都不同。据CNN财富栏目报道，美国食品药物监督管理

① "Virtualization Market Statistics and Predictions by Gartner," Wordpress, eginnovations.wordpress.com/2010/06/18/virtualization-market-statistics-and-predictions-by-gartner（accessed August 3, 2012）.

② Ibid.

③ Ted Schadler and John C. McCarthy, "Mobile Is the New Face of Engagement," Forrester Research, February 2012.

局（FDA）刚刚批准了一项新"药物"——"数码药片"。[①]病人在服用其他药物的同时服下这种数码药片，该药片会将每种药物的吞服时间进行电子记录。记录的信息会从贴在皮肤上的传感器传递到移动设备、平板电脑甚至是病人授权的理疗师或护士那里。这个对应用程序的切实可行的伟大革新简直棒极了，尤其是对老人而言，因为老年人通常容易忘记服药，这非常危险。

另一项有关个人数据传输的新趋势是，通过云端技术进行个人数据电子管理。福雷斯特公司预计，该技术的市场价值将达几十亿，而且会在未来几年内持续稳定增长。[②]你能想象吗？未来的智能手机中不再存储任何内容，其读写和存储完全在云端上进行。如果未来这个趋势占据主导地位，那会在很大程度上改变如今移动设备供应商的市场格局，包括苹果、谷歌和微软在内。

《华盛顿邮报》曾刊登过一篇文章，指出我本科毕业的马里兰大学公园学院正在研发一种新的移动应用程序技术。这项技术被称为"护送者M"，该技术通过在智能手机上安装一种应用程序，使学生在深夜回家路上能够虚拟化访问校园的安全网络。[③]这个系统将学生与安全人员通过实时摄像头、移动语音设备等联接起来，以确保学生在公共场所的安全。这绝对是一项非常酷的革新。那么未来的前景将如何呢？我只能说，这只是我们看到的冰山一角。

我曾咨询过我的CIO和IT管理者专家组的朋友们，请他们谈谈如何看待那些影

---

① Erin Kim, "Digital Pill with Chip Inside Gets FDA Green Light," CNN Money, August 3, 2012, money.cnn.com/2012/08/03/technology/startups/ingestible-sensor-proteus/index.htm?（accessed August 3, 2012）.

② Francesca Robin, "The Emerging Market That Could Kill the iPhone," CNN Money, August 1, 2012, tech.fortune.cnn.com/2012/08/01/iphone/?iid=obnetwork（accessed August 3, 2012）.

③ Matt Zapotosky, "At U-MD., Safer Walks Home via Cellphone," *Washington Post*, May 28, 2012, B1.

响CIO和IT角色的驱动因素。以下是他们给出的意义深远的答案。

CIO调查

推动CIO角色迅速发生变化的关键因素是什么？

● 我认为是数据的可用性，无论是交易上的（如信用卡、银行业务和购买行为）还是观念上的（如偏好、社交信仰、政治信仰），或是那些与气候或全球经济走势等内容相关联的数据信息，所有这些都让CIO成为一个真正意义上的首席信息官。就像英特尔公司的CEO曾说过的那样，"CIO绝对没有借口对当今的信息说不知道"。

● 随着网络攻击的不断发生，CIO和首席信息安全官（CISO）的角色比以往任何时候都变得更加重要。品牌攻击、竞争性信息丢失以及网络资金账户失窃，种种这些都对CIO构成了严重的威胁。

● 我还认为，世界人口特征的改变——数码世界的国籍、新兴市场（韩国、巴西和土耳其）以及美国人口老龄化——都使今天对技术和信息的获取与以往任何时候都不相同。简单而友好的用户界面、支持多种语言、可在移动设备上使用，而且还能浏览金融交易数据，所有这些诉求定会在不久的将来得以实现。

——埃德·安德森（Ed Anderson），世界宣明会（World Vision International）全球CIO

● 随着更多的商业领导者成为技术达人，并逐渐接受SaaS市场，迎合IT产品和服务消费化的召唤，IT管理者需要接纳该发展趋势，并带领相关人员分析和采纳那些有价值的提议。更关键的是，IT领导者应当作为代理人与商业合作伙伴和委托人进行合作，而并非仅仅听命于他们。

——约书亚·R.杰威特（Joshua R. Jewett），Family Dollar Inc.高级副总裁兼CIO

● 对诸如云计算和移动设备这些新技术的关注是十分重要的。与之相关的商业和技术战略也在发生着相应的变化。因此企业行政管理者和其他管理者们必须开始进行紧张的预算工作，以确保与这些新技术同步。

——德尼·加隆（Denis Garon），财政部首席信息秘书处秘书合伙人

● 企业必须对新的需求迅速作出改变，以获取有竞争力的优势，提高生产力，扩大商业发展。对信息的合理使用会对CIO有所助益。在硬件、软件和通信（也是商品）大跨步发展的今天，使用什么系统或网络似乎已不再那么重要了。

——伊尔·曼苏（Earl Monsour），马里科帕社区学院地区战略信息技术部主管

其他驱动因素如下：

● 社交媒体会对企业与客户互动、理解客户（分析）以及内部工作程序产生影响。

● 消费将促进移动技术的应用。

● 进一步推进"技术即服务"的应用（如，SaaS、云计算服务）。

——约翰·沙利文（John Sullivan），美国化学协会CIO

● IT在过去的3～5年内实现快速增长。CIO必须考虑到，关键的数据可以很容易地在企业内外部进行交换，内部用户可以很容易通过个人设备（如，手机或平板电脑）接触到企业数据。因此，建立合适的安全系统的同时又不阻碍生产力发展就成为了我们所需面对的挑战。

——桑杰·哈提纳尼（Sanjay Khatnani），J2 Solutions总裁

对今天的IT领导者而言，最重要的技术趋势是什么？为什么？

● 云计算。云计算在提供解决方案、技术运行以及供应商关系和合同管理方面无疑是一个突破性创举。云计算以SOA为基础，同时具备强有力的协同工作能力。在联邦风险控制管理和成熟SLA开发等方面也可应用云端。

● 移动设备的中立性。个人电脑再也不是客户端的主要设备了。我们需要开发可在任何移动设备上运行的更开放的解决方案（例如，将此方案构建在1.0版本的解决方案中）。这绝不是以后才考虑的事情。

● 社交媒体。客户和员工在社交网络上所花费的时间呈上升趋势。作为企业的IT领导者，我们必须顺应这个趋势，支持企业在社交媒体上的发展。脑力劳动者将通过无缝的网上合作来实现生产力的最大化。如果企业不愿接受这个趋势，那将很难吸引到人才，势必在日后的竞争中被淘汰。

● 语义网及其解决方案。在网络和IT解决方案中建立附加的智能功能，将会实现更快速的信息交换，实现价值增长，并能更灵活地重复使用解决方案，达到可持续性。在新一代的解决方案——商业处理管理系统（BPMS）中，以及在那些体现所有事物关系的工作流程中（无论是以董事会为主导，还是以规则为主导或是以角色为主导的工作流程），我们均能看到这一点。

——皮特·克莱森（Peter Classon），LiquidHub Inc.合伙人

● 云计算和移动技术的重要性还体现在，它们使CIO能够根据实际需求快速扩大运营规模，在世界各地的任何移动设备上使用商业应用程序，都能获取到相关数据。

——A.穆拉特·曼迪（A. Murat Mendi），Ulkdar Holding CIO

我认为有许多驱动因素，其中最主要的三个因素是：

- 使用消费产品

- 网络扩张

- 虚拟化技术

——瑞·伯纳德（Ray Barnard），福陆公司（Fluor）高级副总裁兼CIO

我认为有四个很明显的驱动因素：

- IT的消费化

- 移动设备的扩张

- 虚拟化桌面基础设施（VDI）

- 云计算

——乔尔·施瓦尔贝（Joel Schwalbe），CNL Financial Group CIO

- 我认为云端、SaaS、IaaS以及商业智能分析，这些新技术的出现都顺应了技术革新的发展趋势，因为这将CIO从一种建构商业角色（解决方案的开发者）推入到"我将如何利用这些开放的新资源、新信息以及新技术"的商业模式中。我认为CIO需要不断地思考如何将这些新的解决方案作为附加工具使用，将资源从无附加价值的服务转变为需要购买或租赁的服务（使其商品化），这样才能实现企业的转型。

——埃德·安德森（Ed Anderson），世界宣明会（World Vision International）全球CIO

2.3　预测

那么，今天的技术驱动因素、区域和全球的消费趋势，以及我们支持计算（部分通过金融书籍，部分通过终端计算设备），并提供解决方案（从突破性技术到成熟技术）的模式将发生哪些转变？技术和CIO在未来将会是什么样的角色？从现在往后推五年呢？到2020年呢？《首席信息官》杂志上的一篇文章曾给出一些卓越CIO对四年后（2017年）CIO角色的评价。不可否认的是，他们都认为未来的CIO仍需承担IT领导者的角色。

当今技术的驱动力——云计算、移动计算、社交媒体以及IT的消费化——都不太可能改变未来CIO的角色。CIO"发动和操作重大商业变动"的能力可能决定着其角色的功能。纽约证券交易所的前CIO、FX联盟的现任CIO史蒂夫·鲁比诺（Steve Rubinow）对此坚信不疑。"CIO应当了解技术变革的节奏。如今，这节奏越来越快"，因此他们必须有尽快做出正确决策的能力。[①]

[①]　Kim S. Nash, "Top CIOs Predict the Five-Year Future of the CIO," *CIO*, May 1, 2012, www.cio.com/article/print/704050（accessed July 20, 2012）.

2017年的CIO可能会扮演以下几种角色：

- 企业家，能够调动、启发员工并说服供应商合作。

- 联络人，将整个企业的人紧密团结起来并促进合作。

- 出色的全球"侦探"，能够从企业所在国以外的地方招聘优秀人才。

- 未来主义者，能够预测走势并理解这些走势的深层含义。

- 商业的主人，革新将成为标尺。[①]

在更远的未来，如2020年，CIO这个角色又会是什么样子？以下是一些预测：

- 微软在操作系统领域将失去"霸主"地位，iOS和安卓将实现多样化的客户运算。

- IT部门将没有实体的存在形式，很有可能也云迁移。

- 高效的商业合作都将发生在云端上，并且横跨整个企业，这使得安全性成为更大的问题。

- CIO的下属员工会变得更少，尤其是负责安全性方面的员工，这归功于人造智能的优势。

- 客户端将不会存在于部门性机构中，而会被Facebook一样的虚拟网络取代。

- 由于企业与供应商之间互联关系的加深，纷繁复杂的网络争斗将使CIO变成一个真正的"将军"。

- "自带设备办公"（BYOD）将不再只是个名词或口号。CIO必须接受，否则将会被客户和员工淘汰。

- 外包将更多地使用人工智能工具，以加强语言识别功能并改变诸如"帮助平

---

① Ibid.

台"这样的服务方式。

● CIO将影响整个商业的走向，并积极参与到企业的商业决策中去，而不再像如今这样总是被当作"马后炮"。

● 商业分析和商业智能化将变得越来越重要，而且都可能实现在云端上进行操作。[①]

---

① John Brandon, "10 Predictions for What the CIO Role Will Look Like in 2020," *CIO*, May 3, 2012, www.cio.com/article/print/705599（accessed July 20, 2012）.

2.4　功课

为未来做准备，有点像童话里的看水晶球，看看以后你能在职业生涯中走到哪里，最好还要带张地图。但遗憾的是，现实并非这样。那么我为未来做了怎样的准备呢？通常我会选择接受继续教育和再培训，保持与最新的IT和商业趋势同步，主动适应发展。为适应IT行业以及CIO角色变化而需做出如下的努力：

● 两年前，我为自己的企业开发了一个云端战略，并将该战略整合进IT计划当中，由此，企业进入到了一个全新的企业架构的轨道上（包括公共和私有云组件）。在过去的15个月里，我们为两家大型企业开发了为进行云端升级的应用程序，目前看来效果还不错。

● 采用云计算（尤其是引入整合战略）让企业发生了重大改变。具体说来，我从最初的构想开始，到研究最新的技术和企业商业解决方案，最后发现它们都提供云端到云端、云端到本地数据中心以及本地数据中心到本地数据中心的安全整合解决方案，还配有样本工具。于是我要求我的团队在云端产品和一些我们内部的系统里实施了几个整合配套流程。这使我们能够通过更智能的技术改进整合途径，批

量交换实时数据，由此商业也得到了更好的发展。市场上有一些很好的整合工具可供选择，如Cast Iron（IBM）、WebMethods（AG软件）、Pervasive以及Boomi（戴尔）等云端整合工具。

● 我很庆幸采用了"自带设备办公"（BYOD）模式。事实上，这种模式降低了企业成本。最近，我还曾在纽约与一帮CISO讨论过关于BYOD的话题。一名供职于一家Top10金融服务企业的CISO（不愿透露姓名）曾向我说起，他为建议企业使用移动设备，克服了法律上和技术上的重重困难，来证明使用移动设备有很大的好处。当我问他所做的努力是否能完全保护个人设备上的数据安全时，不出我所料，他的回答是"不能"。虽然对用户而言，他们个人设备上的数据备份功能能够将数据自动同步到云端，但这也造成了他们在成本和劳动力管理上的不合理。因此，为了真正实现对数据的跟踪和保护，我建议他们使用数据丢失防范（DLP）软件。

● 在我写这本书的同时，我正在与供应商在VDI上合作，推出一个平板电脑导向器。如果你是在移动设备上工作，你可能还要等一阵儿，等待线下虚拟客户端的面世，但是不会太久。

2.5　攻略

在这一章里我的建议很简洁，因为很难预测未来10年的情况。根据对现有趋势的推断我时刻提醒自己，在过去20年里技术是以什么样的速度发生着变化？更重要的是，技术的革新对社会、个人以及商业又带来了哪些巨大的影响？回顾我们曾经的经历，至今仍令人兴奋不已。为了更好地迎接未来的十年，我建议大家做好以下准备：

● 好好巩固你现有的以及潜在的客户基础，向他们学习和了解未来的商业驱动因素和趋势，因为这些因素都将影响IT技术的革新和发展方向。记住，要学会倾听，倾听的重要性不亚于技能的重要性。

● 建立一个广泛的人际关系网，使你可以寻找到能够为你提供培训和信息的团体和个人。据我所知，那些善于做产品研发、并经常创造出新技术的供应商和前沿企业是提供信息的有力来源。还记得几年前对MySpace的看法吗？那时候有些人认为MySpace只是"孔雀开屏"般的一时兴起而已，而另一些人则视其为联络朋友的途径。有些企业认为它严重影响员工工作和生产效率，而广告商们则视它为"圣

杯"。再看看今天的社交媒体和网络,它们已经渗透到了全球各个角落,并成为了不可或缺的一部分,同时影响着世界范围内的IT企业。我个人很喜欢读诸如《华尔街日报》《哈佛评论》《企业家》、Inc.杂志、彭博社的在线商业新闻、《科学》杂志以及CNN.com 等这些极具价值的期刊和报纸,这些杂志使我一直走在世界革新的最前沿。

● 与IT咨询研究企业保持联系,关注他们的报告和流行趋势。我推荐福雷斯特公司、IDC公司以及高德纳公司。

● 除了阅读那些对新技术的付费研究报告以外,还要时时关注最新的工具、产品评述以及博客上的相关内容。我最喜欢的网站包括eWeek.com、ComputerWorld.com以及CIO.com。

● 参加IT和商业的会议和活动,与供应商、客户和各企业建立网络联系,以便了解他们正在做什么。这些活动对建立其他人际关系也是绝好的机会。

● 不断给你的大脑充电,如果你有时间和精力,报名参加一个可授予资格证书的培训课程或可授予高等学位的课程,这将增加你现有的经验和知识水平。

● 了解、使用并推动云计算、机构社交媒体创新(BI就是很不错的一个,可增加营利性企业价值,有助于提高其收入)、导航桌面虚拟化技术、平板电脑项目以及移动应用程序,并将这些整合进你的核心应用程序当中,帮助移动用户有更好的体检。

● 要么接受"BYOD"模式,要么被淘汰。在我所在的企业,我个人一直支持BYOD,但最近迫于来自客户端的压力,暂时改变了支持其他个人设备的IT政策。尽管如此,BYOD是绝对会保留下来的,只是它有风险,这也正好印证了一句名言,即天下没有免费的午餐。关于这点我将在本书第八章重点讨论。

● 要重视虚拟化桌面基础设施(VDI)。VDI不仅能够实现应用程序的快速分配,潜在地降低成本,而且还能改善个人设备的安全性,包括BYOD。

03 IT治理和标准及智能终端带来的影响

没有什么能阻止一个有正确心态的人达成他的目标，也没有什么可以帮助一个心态不好的人。

——托马斯·杰佛逊（Thomas Jefferson）[①]

---

① Thomas Jefferson, Inspirational Quotes, www.inspirational-quotes.info/success-quotes. html （accessed July 14, 2012）.

在本书第一版中，我谈到了IT治理、形式和领域的重要性，这些我在过去15年的职业生涯中一直都是很提倡的。IT治理协会（ITGI）声明，IT治理是"董事会、主管和执行治理的责任"。[①]一些企业将CIO纳入执行治理层，有些企业则没有。我相信，IT治理是董事会的责任，同时也是风险治理的副产品，CIO的直接责任是制定并实施一个机构的IT治理框架。

[①] "Board Briefing on IT Governance," IT Governance Institute.

3.1　IT治理价值

ITGI对治理的定义是"能确保企业的IT支持并扩大企业战略和目标的领导力，以及企业治理的结构和程序"。[①]皮特·韦尔（Peter Weill）和珍妮·罗斯（Jeanne Ross）这两个IT治理专家认为，IT治理只是简单的"为促进良好使用IT的决策权利和责任框架"。[②]他们认为框架有以下五个关键领域：

（1）IT原则

（2）IT结构

（3）分享IT服务的IT基础设施

（4）每个项目所需的商业应用程序

（5）IT投资和优先级[③]

治理的收益如下：

---

① Ibid.

② Jeanne Ross and Peter Weill, "Recipe for Good Governance," *CIO*, June 15, 2004, 36 - 42.

③ Ibid.

- IT与业务形成更好的联盟

- 提供达成业务目标的技术解决方案

- 控制成本

- 对IT投资的治理和监控，包括业务和IT的联合项目

- IT和业务资源的最大化

- 符合审计和法规

- 治理和减缓风险

为回顾第一版的内容，我列出了图3.1来显示一个IT治理框架的示例。该示例包含了七个核心领域，这些都为IT部门节约成本、提高生产力做出了巨大的贡献。有关各领域的内容与委托人关联的详细内容，请查阅第一版。

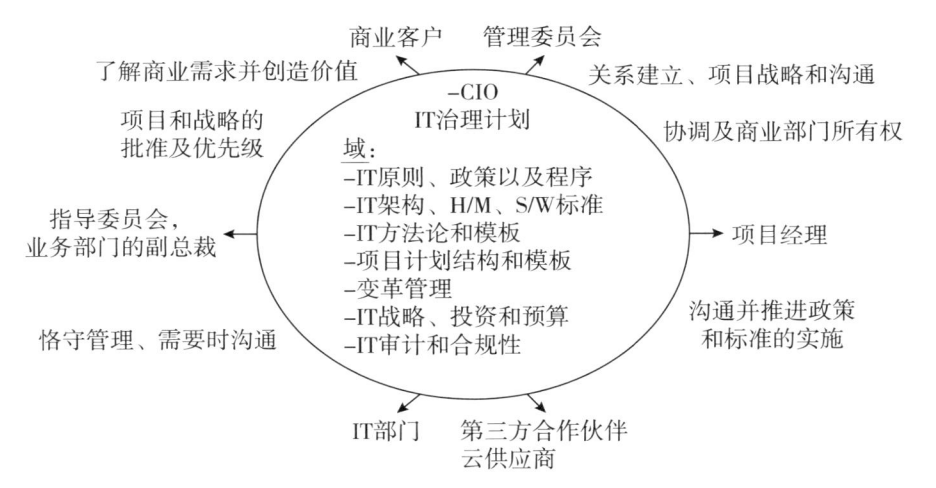

图3.1 IT治理框架和域的示例

3.2 趋势对治理的影响

整个产业发展到今天，IT治理已经是一个很普遍的实践活动，而且对不断变化的IT环境及商业趋势起着重要的指导作用。在过去，对CIO而言，作为一种机制更严格的使用标准和同类的计算机环境，从而尽可能多地降低成本（操作和劳动力）、降低技术复杂度（通过标准）和减少风险，这些是很普遍的现象。今天，CIO则受到了IT消费化和破坏性技术的挑战，这些都对如何治理IT有着影响，包括对IT战略规划也有影响。以下的趋势都在影响着IT治理，也因此改变着架构，如果IT领导者能随之调整，则可能取得成功：

- 云计算

- 移动应用程序和设备，包括"自带设备办公"（BYOD）

- 社交媒体

- 商业智能移到云端

- 虚拟化技术

这些趋势每天都在对IT治理产生影响，并且导致对框架、标准、操作程序和战略规划等方面进行调整。

云计算

云计算对IT治理有几方面的影响。它对IT标准的影响是造成了一个多种多样的计算环境。例如，以前CIO都会将一个或两个数据库治理系统标准化，现在却无法做到，这让一些CIO觉得无法掌控。由于对SaaS或云端产品背后的基础技术组件不能完全掌控，CIO的处境变得更加复杂，或者说CIO的职责转移到了IT部门以外。这种情况下服务水平协议（SLA）就变得更加重要。我将在第四章中详细论述。

云端已经不再是少数几个企业能够实现的神话了。如今Salesforce.com网站上的客户一下子激增至104 000之多，其中有16 000位客户只是在非付费的社区之中——他们全部处在云端上，完全不需要IT部门来安装软件。[1] 作为一个成功的云端供应商，Salesforce.com有很多很酷的合作工具，包括CRM产品。

现在，回到对标准和整合的影响上来。Salesforce.com数据库的复杂度和基础技术组件并没有被曝光，这改变了IT企业必须互动和整合的方式。因此，数据库的数目和类型在不断增加，同样，用于整合云供应商之间和预先提出的解决方案的核心基础技术也在不断增强。十年前对一个企业而言，将自己的CRM、财政金融以及人力资源解决方案控制在一个内部的治理数据中心是很平常的事。过去控制成本开销、培训的普通技术，是将数据库（例如，甲骨文或是微软）标准化，并在防火墙后通过更智能的界面（如，数据库快照、ETL或是SQL）进行整合。

---

[1] Company Milestones, Salesforce, www.salesforce.com/company/milestones.

由于将应用程序移入了云端，隐藏了数据库的类型和复杂性，标准扩展和整合更改一夜出现。我所在的企业最近实施了两种大型的ERP系统：一个是在管理的私有云上运行的财务系统，一个是CRM系统——通过Salesforce.com提供的公共云。由于需要在防火墙后整合这两个应用程序系统，同时将它们和其他应用程序整合，我们重新考量了整合渠道，将其完全改变。我们从一个一级中间件供应商那里选择了一个商业解决方案，能够让我们用一种工具彻底地完成云端到云端、云端到本地数据中心以及从本地数据中心到本地数据中心的整合。我们还升级了服务器虚拟化技术，改进其错误容纳限度和规模，能让它直接适用于我们的灾难修复和业务持续性程序。今天，这些正如预期的那样运行良好，我对采用的全新结构和扩展的标准十分满意。

除了能加强IT标准、整合和安全性，云计算甚至还增强了对供应商的产品、主机、性能和系统正常运行的依赖。因此，SLA变得更为重要。在运行表现、软件度量、SLA以及赔偿方面，一些云端供应商允许有更强的灵活性。我发现，打交道的供应商规模越大，CIO对SLA所拥有的灵活性就越小。例如，企业通常会选择云基础方案来解决基础系统的正常运行性能指标。在与很多云端供应商协商谈判的时候，CIO通常会在关于系统正常运行时间方面失败，这是由于CIO一般只有单一的提前准备好的可行解决方案。我们会努力建立一个更高比例的系统正常运行时间，如果不成，只能选择一个98%的系统正常运行时间。

因此，CIO有时候是会屈从于大的供应商给出的合同款项的。这种局限性一直伴随我这些年——最近一次是为了购买CRM，上一次是安装一个Bloomberg的财政金融分析系统。那时候，我在领导一个大型金融服务企业金融部门的IT团队。我们

对合同的基本描述提出了几项改进，结果得到的响应却是客户不允许对条款做任何改动。这种协议就是"要么你拿着，要么你走人"。我觉得，这是因为在当时Bloomberg没有强有力的竞争对手。

CIO也需要决定他们放到云端上数据的适合度和风险。传统的云端解决方案是分享尽可能多的解决方案，包括数据网络、电信网络、安全设备、服务器、磁盘，甚至是数据库。在你签合同之前，一定要确切了解什么是能分享的、什么是企业专用的。有必要的话，要对专用条款进行谈判，这样能在符合你企业的安全风险设定情况下改善安全性。大多数的解决方案在一定程度上是可订制的。也就是说，你投入的越多，你每月的续生成本（MRC）就会越多。这就是游戏规则。

移动应用程序和设备

移动计算、移动应用程序以及大势所趋的"自带设备办公"（BYOD）的优势，也正在影响着IT治理。

其一，移动设备（例如，PDA和平板电脑）的快速更迭，正在迅速改变着IT标准以及IT企业提供技术支持的方式。CIO需要快速决定它们在这种情况下如何施展。即使这些设备并不属于企业财产，IT部门也需要治理这些设备吗？IT部门是否应该用IT中央预算或商业预算来支付这些设备的成本并支付每月的服务费用？IT部门是否应该为这些个人设备提供技术支持？这些都是CIO每天要面对的现实问题。遗憾的是，对个人设备和BYOD还没有一个完美的处理方式。不管CIO做何种选择（是否支持、付费或治理），都会有一堆麻烦。

其二，移动设备的可用性、低初始成本以及给予员工的灵活性，都引领了一种新概念：每个人可有多个设备。这种概念改变了应用程序开发利用的途径。对今天的员工而言，拥有三个设备实在是太平常了——一部智能手机、一个平板电脑以及一台个人电脑或笔记本。传统上，IT将传统的电脑标准化了，比如用图像技术上锁系统，用批量政策和软件分配技术进行治理。而治理平板电脑和手机的技术却不尽相同，因此，对IT企业而言采用这种技术可能会更复杂，成本更高——尤其是允许员工带自己的设备来工作。单就智能手机市场而言，就有几百种不同的设备和样品，每一种设备又有一堆载体、运行系统和安全考虑。对来自不同供应商的多种设备的治理正在进化，但是还不成熟，因此还存在着风险和消费成本。

其三，来自更多供应商的更多设备以及更多载体的安全问题——尤其是那些非企业私有设备的安全问题——会引发各种风险，病毒、数据丢失和窃取。那些对安全隐患持强硬态度的企业，直接就屏蔽了个人设备，只使用那些用过而且没问题的技术，尤其是他们会利用标准化的管理和控制技术。再次重申，市场上有大量的第三方和供应商的安全解决方案可选择，虽然这有助于CIO和CISO的工作，但是市场还很模糊、错综复杂。

IT治理和风险治理往往被连在一起提及。我相信，IT治理是致力于以最优的价格提供高级的IT服务，并将风险降低到企业允许的范围内。福雷斯特公司研究表明，"不管是否与商业相关，风险是存在于几乎任何事物内部的"，并建议"既要有好的战略又要有治理风险的可行性途径"。①

---

① Craig Symons，"IT Governance and Risk，" Forrester Research, June 14, 2010.

那么这是如何影响到移动技术的呢？移动技术，社交媒体和云端技术，"都有大幅度提高治理风险和合规（GRC）项目的潜力"。[①]一个很好的例子说明移动技术有助于治理的良好使用方式，是那些改进过的社交媒体的培训、事件应对和SMS的提醒，同时也为员工使用移动应用程序和视频技术增强安全性。我坚信，在移动技术变得更好并广泛使用的同时，企业也增加了各方面的风险。

好的企业会把移动设备的安全问题放到降低风险和IT治理的首要位置。以下是一些在移动安全方面需要遵守的准则，能够有助于CIO和CISO更好地保障企业预防风险：

● 反恶意攻击软件。根据设备操作系统的不同，能够减缓风险的反恶意攻击软件和反病毒技术在成熟性方面各有不同。它们有的很昂贵，并需要多种解决方案，这要根据操作系统而定（iOS、安卓、Windows移动）。因此，标准化能够降低操作系统和风险治理双重成本。

● 应用程序控制。加强治理大量移动设备和操作系统，往往加剧了负责安全的专业人士的压力。一个企业对设备选择的"口味"（供应商和操作系统）越灵活，管理起来就越复杂，成本也越高。

● 技术认证。操作系统的限制条款很难让企业再雇佣第三方做解决方案的技术认证。虽然这个使用方面也在逐步成熟，但是由于设备种类的快速增加以及移动操作系统的分裂，还没有完全成熟。

● 认证治理。根据福雷斯特公司的研究表明，"应用程序水平的数码认证能

---

① Chris McClean, "Governance, Risk, and Compliance Predictions: 2011 and Beyond," Forrester Research, December 6, 2010.

力，对移动安全产品而言是一种不同的能力"。[①]

● 数据丢失防范（DLP）。DLP供应商所提供的服务，还没有完全赶上移动设备的种类。一般供应商只为特定的产品提供支持。因此，DLP在移动层面并不连续，也并不能确认企业数据的安全敏感度到底如何。

● 设备认同和网络通路控制。网络访问控制（NAC）可以用来屏蔽那些未被安全软件或程序验证通过的数据交易以及来自设备的信息，它们有可能带来更多的风险。针对电脑的NAC已经成熟，但针对移动设备的目前仍是空白。

● 设备安全和窃取。越小的设备，被窃取的可能性越高。窃取导致了数据风险。那些采用BYOD却没有将资产记录删除干净的企业，可能会有更多风险。

● 加密。一些移动操作系统为设备储存的数据设有内置的加密，但有些不但没有加密还需要第三方软件的解决方案。这样的话，标准化则有可能降低风险。

● 网络安全。网络安全与安置于敏感服务器上的移动虚拟个人网络（VPN）或传统周边保护的应用相关，包括防火墙以及入侵探测和防范。

● 私密控制。在连接于企业应用程序的个人设备上使用非企业应用程序，会引发私密问题，直接有悖于企业的安全和控制。我了解到一些企业不允许BYOD，是因为这些企业的律师认为员工的个人设备非企业所有，全面的设备治理可能会侵犯个人隐私。

● 有选择性的删除。有选择性的删除是指在保留员工个人数据和使用应用程序的情况下，删除企业安装的应用程序和数据的能力。

● SMS和即时短信存档。企业监控和记录商业交流（例如，电子邮件、SMS以及即时短信），会提高有关移动设备的复杂性和成本，尤其是BYOD。一些移动操作系统不允许第三方应用程序进入设备的SMS渠道。

---

① Chenxi Wang, "Market Overview: Mobile Security, Q4 2011," Forrester Research, October 11, 2011.

● URL和内容过滤。过去企业监控或屏蔽员工工作时在电脑使用互联网上的不当内容，现在还需要针对移动设备进行监控和屏蔽。操作系统整合第三方工具的功能增加了复杂性和成本。[1]

社交媒体

尽管很多上市企业的供应商还很难将其用户基础货币化，但社交媒体的发展仍处于上升期。我在书的后面将会详细讲解社交媒体的战略。在这里，我将只谈治理和风险。任何使用内容过滤和社交媒体登录技术的人，都会说这些增加了企业敏感数据泄露的风险，而且会大幅度的降低员工的工作效率。在我做世界自然基金会的CIO时，员工使用个人社交媒体网站的时间之长是令人震惊的。我仍然记得我向上级报告这个惊人的发现，并建议在工作时间缩减访问非工作相关网站的时间。

社交媒体常常是员工抱怨同事和上级的地方。我并不建议大家这么做，尤其是在企业可以监视网络内容的情况下。只要看看像www.glassdoor.com这样的网站就知道了。我在网站上输入一些著名CEO的名字，发现真的很可怕，有很多负面响应和舆论倾向。而且，一些国家没有像美国一样的言论自由和灵活度，比如在俄罗斯、印度尼西亚、伊朗和土耳其，如果你对政府官员或领导者进行负面评论，他们对你不会客气，有些国家还有很重的惩罚，甚至要坐牢。

在对几个公共社交媒体网站的搜索中，我经常会查阅到保密材料，包括对产品发布会和修正的泄密。有几个供应商现在推出了解决方案，监控和治理社交媒体相关的风险，其中Websense和Symantec是我最喜欢的两个企业。社交媒体网站还会使

---

[1] Ibid.

企业有网络钓鱼欺诈和恶意软件侵扰的风险。Symantec服务集团的集团总裁、CIO大卫·汤普森（David Thompson）认为，"社交媒体是恶意软件侵入企业的机会，同时也是钓鱼欺诈的机会，比如一条短信被巧妙设计为一个具体的代理或是个人遭到攻击来获取特定的信息。"①社交媒体的大爆发，以及将类别包含于互联网内容进行过滤的解决方案，都可以降低风险。

以上提到的，再加上BYOD的流行，治理社交媒体网站以及风险控制对今天具有安全意识的CIO而言都是挑战。我仍然觉得不可思议，现在一些企业部门不会监控、屏蔽或是主动防范互联网风险，包括通过移动计算设备和社交媒体不会泄密到企业以外，保护机密数据或是知识资产。《华盛顿邮报》近期的一篇文章揭露，五角大楼的导弹防御局"近期警告其员工和承包商停止使用政府的电脑在互联网上浏览色情网站"。②真的吗？为什么不一开始就屏蔽这些网站避免这些网站带来的风险呢？因此，我十分热衷于开发综合性安全战略，它能够警告风险，提前采取措施、使用软件来降低这些风险。

隐私问题一直以来都是社交媒体方面的风险话题。《华盛顿邮报》报道说，Facebook的操刀人马克·扎克伯格（Mark Zuckerberg）最近变为"与社交媒体解除好友关系"的状态，下决心停做社交媒体，并且玩起了失踪。③凯瑟琳·洛瑟（Katherine Losse）曾是Facebook的第51位员工，但是她"对使用社交媒体建立的人际关系持怀疑态度，然后离开了企业，最后移居到西德克萨斯的一个小镇——马尔法（Marfa）"。她出了新书《少年国王们：前往社交网络中心的征程》（*The Boy*

---

① Cindy Waxer, "CIOs Struggle with Social Media Security Risks," Public CIO, February 11, 2011, www.govtech.com/pcio/CIOs-Social-Media-Security-Risks-021111.html（accessed August 21, 2012）.

② "Workers Asked to Stop Watching Porn," *Washington Post*, August 5, 2012, A3.

③ Craig Timberg, "A World Away from Facebook," *Washington Post*, August 5, 2012, G1, G5.

Kings: A Journey into the Heart of the Social Network）。《华盛顿邮报》的文章写到关于她对"她见证的"在Facebook内部发生的"人类关系革命的失望想法"，以及"社交媒体的爆发使成千上万的用户拥有更多的人际关系，但这些人际关系同时也是更狭窄更令人不满意的人际关系，同时隐私也随着流失。"[①]

底线是：社交媒体、隐私以及私人使用企业的电脑网络，都增加了企业的风险，这些都是CIO和CISO要急于解决的问题。

从乐观的方面讲，个人和企业对社交媒体的使用率激增。未来与客户的互动将通过社交媒体渠道完成，可能主要是在移动设备、智能手机以及平板电脑上。先进一些的企业都在使用社交媒体，可以更好地了解他们的客户和竞争对手，通过社交网站上的应用程序刺激财政收入，并通过客户使用和互动的渠道（主要是移动设备上Facebook和Twitter）来为客户服务。在后面我将具体说说企业内良好使用社交媒体战略的绝对理由。社交、移动和云端就是未来。

商业智能移到云端

商业智能（BI）也正移往云端，虽然没有其他技术服务移往云端的速度快，比如云端上的应用程序（SaaS）、网络主机、合作、短信以及电子邮件。随着云端处理的大趋势，传统的机构内部BI安装都将移往云端，在云端上提供支持、修补以及治理性能等都会成为IT的日常服务，而他们的团队都可以专注于BI解决方案的真实利益：开采数据以扩大企业业务并更好地服务客户。

---

① Ibid.

云端BI只不过是IT治理中云计算的扩展。云迁移改变了传统的整合途径，即将数据从来源端萃取、转置和加载（ETL）到企业，以商业为导向的解决方案（与ETL潜在合并）。对IT治理的真正影响是包含BI解决方案信息在内的安全。简单地讲，将BI向云端迁移意味着你将BI系统里的丰富数据交给一个值得信任的企业，这些数据很可能包括客户、战略、客户个人数据、购买模式以及网络点击流量等。分散BI需要特别关注企业系统间的SLA、背景调查以及数据静止和动态安全。因此，将BI转移到云端上，就要求对供应商基础合同做出更多的努力，因为这些供应商将来很有可能掌管着你宝贵的数据。如前所述，你的云端战略，包括BI，应该要精心策划，并对以风险为基础的解决途径进行评估。

虚拟化技术

虚拟化是一项正在不断成熟的技术。借助虚拟化技术，IT部门能够完全改变提供服务器和系统的方式，从而改变以前只关注于容错设计和绩效治理的模式。一部分收益是有更好的处理性能（例如，对中央处理器的更高效使用），更快的提供和开发，并极大提高多站点灾难修复的能力。

市场上针对服务器和磁盘系统的虚拟化技术已经成熟，并逐渐包含数据中心的其他组件，比如交换机、防火墙以及入侵和探测设备。虚拟化也由此改变了CIO治理基础核心技术的方式，直接影响到了IT标准，成为IT治理的组成部分或新领域（如前文图3.1）。

虚拟化桌面基础设施（VDI）将逐步走向成熟，包括操作系统环境以及个人应用的虚拟化技术。在VDI领域里的供应商成熟度和产品成熟度同服务领域里的虚拟

化是不一样的概念。目前的一个弱点是在联网的情况下是否还能有效使用、运行以及维护一个虚拟化桌面。我觉得有必要参考出差狂——公路战士，出差狂经常不在办公室，而且有时候还与企业本地安全网络（LAN）和应用程序基础设施的连接脱离。我预计，距离这一前沿领域的重要突破也只有12～18个月的时间。目前领导VDI装载的供应商有微软、EMC/VMware以及Citrix。EMC/VMware在服务器虚拟化技术市场占重头。

过早过快投入一个巨头——有问题的VDI供应商的怀抱，可能会与供应商分裂，并承担分裂造成的影响，包括不同的产品、编码、整合及扩展的供应商治理、合同和法律文件。我鼓励CIO制定一个虚拟化技术战略，战略要基于商业驱动力而非IT驱动力。直接跳入VDI而不进行金融和商业的严格评估，是糟糕透顶的，而且可能导致比预期更多的麻烦。

我向那些知名的IT领导者提了几个关于IT治理重要性和收益的问题，并询问他们采用哪种模式。他们的答案收录于以下的CIO调查中。

CIO调查

对一个CIO而言，IT标准和治理模式有多重要？

- 我要说，两者都很重要。

- 鉴于越来越多的标准开发出来，并为大家所接受，从雇佣到选择技术都变得更简单。例如，如果我雇佣一个人，这个人必须了解并遵循我在企业制定的政策和标准。

- 治理模式要使业务和技术保持一致。除非业务和技术经理都认为新技术能为

业务带来回报，否则不应该贸然投资这项新技术。

——杰·西格伦（Jay Seagren），皮尤慈善信托基金会企业系统部门高级经理

● 这是比较重要的。

● 我认为，治理模式逐渐变得不那么重要，而且逐渐用于为适应变化而确定的架构。在CNL，我们已经采用了一种以人为本的方式——我们是为了改变而建设而非为了生存而建设。我们原本将重点放在标准上，现在在这个"永远运行、对任何地方都永远开放"的环境中，重点放在保护机密以及保护CNL专利和企业信息敏感度上面。为此，在确保内容安全的前提下，我们会努力去支持在任何地方任何类型的设备都能访问和使用。

——乔尔·施瓦尔贝（Joel Schwalbe），CNL Financial Group CIO

● 这一点非常重要。

● 在一个分散联邦的模式下，在处理风险和治理、快速做决策并树立适当的权威的情况下，标准是绝对必要的。

——大卫·斯沃茨（David Swartz），美利坚大学CIO

对硬件、软件、数据库和结构实施IT标准的三大收益是什么？

● 员工授权。

● 降低风险。

● 成本控制。

——约书亚·R.杰威特（Joshua R. Jewett），Family Dollar Inc.高级副总裁兼CIO

● 监管认同。

● 员工的一致性和IT员工及客户端（end users）的清晰性。

● 易与其他系统和新项目整合兼容。

——厄尔·曼苏（Earl Monsour），马里科帕社区学院地区战略信息技术部主管

● 让人们有东西去忽略。

● 有了整合和支持，节约了时间和成本。节约注册许可的花费。能在指定的参量里做决策。

● 改进安全性，减少了需要整合的解决方案。

——约翰·沙利文（John Sullivan），美国化学协会CIO

你使用什么样的IT治理模式？为什么？（例如，IT寡头垄断、联邦制、封建制、双头垄断，没有任何治理模式）

● 我们在实施联邦治理模式，在这种模式下，首席级别的官员们都是IT投资委员会的，由他们来对每一项IT投资进行审查、通过并排优先级。我们也才刚刚开始这种程序，目前还不错。

——埃德·安德森（Ed Anderson），世界宣明会（World Vision International）全球CIO

● 我认为我们使用的是联邦制为主的治理，大的决策和优先级是由高级领导层的成员来决定。

● 对以IT为中心（安全性和基础设施）的决策，我们更偏向寡头垄断，主要由IT领导做决策，业务人员也会少量参与。

——约翰·沙利文（John Sullivan），美国化学协会CIO

● 我们企业是IT寡头垄断。背后的主要原因是，这样的模式会让首席执行官们从我们的IT决策中中立出来。他们视此为IT治理团队唯一的责任，通常也都会批准我们提议的预算和项目。

● 我以前所受的商业教育也有助于让他们（首席级别的官员们）信任我能做出正确决策。

——A.穆拉特·曼迪（A. Murat Mendi），Ulkdar Holding CIO

3.3　IT投资组合管理

项目投资组合管理（PPM）对CIO而言是非常重要的，不管CIO是否已有正式的项目管理办公室（PMO）。如今，一个企业IT相关项目的PPM，尤其是对项目的规划、评估、优化、监控、管理以及跟踪而言，是至关重要的。启动PMO典型决策的原因，通常是出现了问题导致多项计划超负荷，成本增加或是有些项目的实施没有与企业的商业需求统一。

对于那些未使用PPM，同时项目的评估、批准以及实施有问题的IT企业，PPM能够有助于加强控制，而且还是IT治理模式中十分有价值的组成部分。如果企业有足够多的项目在运行，或者企业正在试图管理IT投资以达到商业目标，或者企业总是不能达到客户预期，在这些情况下应该考虑使用PPM。一个运行良好的PPM程序，再加上IT治理规划的其他因素（比如方法论和IT标准），就能带来以下的收益：

● 将IT投资价值最大化，同时风险最小化。

● 改善IT专业人士与业务领导者之间的沟通程序，更好地为统一IT部门、加强

与商业领导者频繁地沟通对话打开大门。

● 允许员工更好地规划资源分配，并在出现大问题前，就考虑好涉及到项目领域的资源和技能的限制。

● 减少项目数量，防止项目过剩。

● 可以简单容易地终止一个没有协调统一的项目或是表现性能差的项目。[①]

不管是通过何种途径、使用何种软件，没有能适用所有PPM的万能解决方案。但是，实施一个最可行的PPM和PMO，却是有大量的资源和指导原则。《首席信息官》杂志上有一篇文章提供了以下关键步骤来建立和管理IT项目：

● 编制一个与业务部门相关项目的IT存货清单。

● 建立一个评估程序，评估候选项目，以确保项目与战略目标一致。

● 创立一个合理的程序，包括业务部门参与优化已经批准的项目。

● 积极治理和检查项目状况。[②]

福雷斯特公司表明，"成功的转变战略（从信息技术到商业技术的转变）需要一个强有力的治理架构以及一个能以投资组合战略家的身份通告决策的CIO"。[③]分布式技术的出现，例如云计算、移动平台和设备以及虚拟化技术（包括VDI），都降低了提供IT启动商业解决方案的成本。合理地实施IT投资组合管理，包括通过监督和关注收集项目和投资，以及对现行的和提议的主动权的管理，因为这些主动权牵扯到IT资本和运作消费。关于使用合理的资源和职责，建立IT投资组合管理的功能，福雷斯特公司提供的建议都归入表3.1。

① Todd Datz, "Portfolio Management——How to Do It Right," *CIO*, May 1, 2003.

② Ibid.

③ Craig Symons, "The CIO as Portfolio Strategist," Forrester Research, May 12, 2011.

表3.1　项目投资组合治理角色

领域	角色	职责
CIO办公室	IT监督、整体规划、治理	战略规划、IT/业务一致性、以业务结果为导向的报告
IT财务管理	财务监督、财务分析	资产分配、财务跟踪（如有需要）
项目管理办公室（PMO）	项目跟踪、项目投资组合管理	IT/商业联络、项目追踪、项目财务管理
IT和业务指导委员会	评审"客户"投资组合	IT/业务一致性、业务/市场一致性*

　*奇普·格里德曼（Chip Gliedman），《建立IT投资组合管理职能》《福雷斯特研究报告》，2010年7月9日。

　　要管好IT部门的业务和IT投资组合及候选项目，我鼓励有抱负的现任CIO在项目投资组合技术和软件方面进行投资。我一直坚持更新我的IT投资组合的项目清单，同时要求其他IT领导者也用现有数据保留一份清单。在每个月的开始，我都会收到一个CIO汇总报告，这份报告来自每一个IT子部门，包含了项目计分卡，卡中描述了每个运行项目在以下四个方面的运行状况：范围、时间表、预算和人员配置。图3.2描述了月报中单个项目的进展信息。

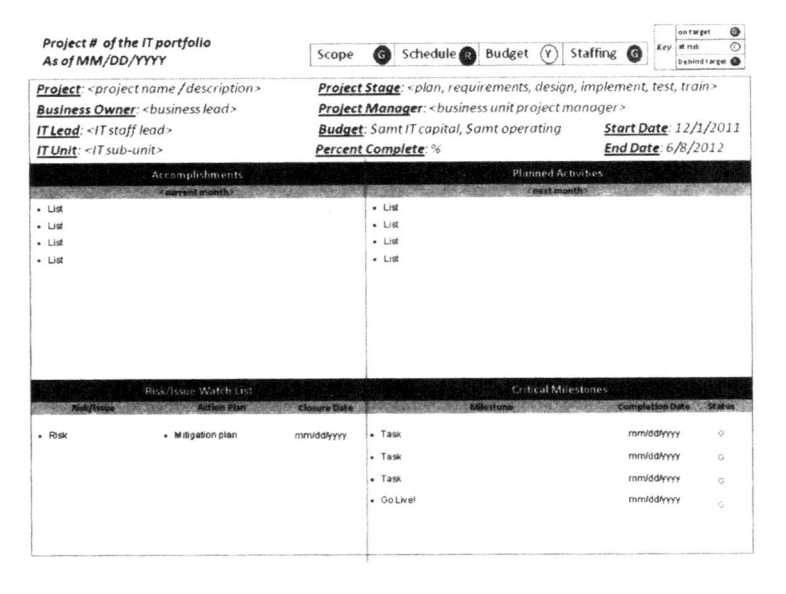

图3.2　项目计分卡模板

　　除了提供关于IT投资组合的有价值信息，项目计分卡在与商业客户的会议和
讨论中也是很好的工具。项目投资组合还伴随着一些其他的性能表现的度量标准
（例如SLA和正常运行时间）以及技术度量标准（例如基础设施性能表现和电信使
用）。对IT投资组合管理软件的建议在后面一章会有讲解。

3.4 IT战略规划

IT治理的关键因素包括IT战略规划。我一直有一个三年的IT战略规划，每年都要在年度预算后由董事会主管们依情况对战略规划进行更新。我将以下几点纳入IT战略规划：

- 执行综述

- IT企业结构，包括角色和职责

- 主要股东

- SWOT分析（优势、弱势、机遇、威胁）

- 三年资金和性能表现趋势，包括几个关键度量标准：

    - IT运营，消费与收益（与部门的产业平均值做对比）

    - IT服务台员工比例（每个服务台资源的员工数）

    - 新增员工的IT运营成本（运营预算和员工计数）

    - 每年投资组合中项目按预算时间完成的比例

    - 由系统实施到产品系统的变化数量

– 服务台请求单达到解决方案目标的严格百分比

– 年度IT审计结果

● IT治理架构，包括关键领域范围

● IT任务、具体目标以及扶持的目标

● 推荐的IT基础设施改善（与增长或机构部门目标相关）——三年

● 业务部门推荐的项目（与机构部门目标相关）——三年

● 实施规划和时间

● 风险和统一性

福雷斯特公司推出了一份有效的IT战略规划属性的报告，如表3.2所示。[①]

表3.2 有效战略规划的属性

与股东相关	√
高效——正好覆盖所有需要的	√
可追踪——从绩效度量返回业务需求和驱动力	√
文档假设和基础理论	√
符合IT治理（决策、监督）模式	√
广泛沟通	√
对群体目标和个人目标有直接影响	√
创造和维护是一种过程，而非项目	√
定期评审文档并更新	√
"讲述一个清晰的故事"	√
"足够的野心"	√

资料来源：福雷斯特公司

福雷斯特继续提议，一个可靠的IT战略规划应有五组关键词（见图3.3）：

---

① Alex Cullen and Marc Cecere, "The IT Strategic Plan Step-by-Step," Forrester Research, April 10, 2007.

1. 确定规划目标。

2. 发现并评估业务需求。

3. 评估IT能力以满足已确定的需求。

4. 编制规划弥补差距。

5. 制定计划并实施。

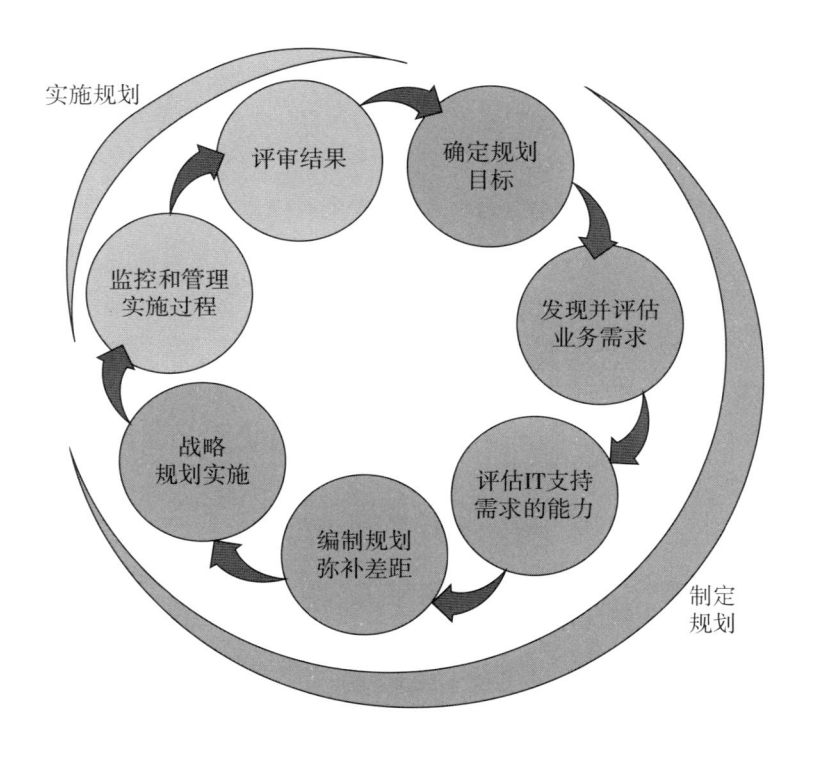

图3.3 战略规划制定与持续优化

资料来源：福雷斯特公司

根据企业部门的状况（营利性的、非营利性的或是教育类的）以及所在国家的
不同，CIO还应该注意任何与法律要求相关的问题。一些值得注意的案例如下：

---

① Ibid.

● 萨班斯—奥克斯利法案（Sarbanes-Oxley）。要求执行官能证明企业的财务声明准确，而且要求企业建立一套财务的内部控制。[①]

● 健康保险携带和责任法案（Health Insurance and Accountability Act, HIPAA）。这是一套美国的法案和标准，用来保护特定的个人健康信息。[②]

● 公平劳动标准法案（Fair Labor Standards Act, FLSA）。美国对最低薪资、加班费以及童工的标准规定。[③]

● 巴塞尔协议III（Basel III）。一个对银行资本充足率、压力测试以及市场流动性风险的全球性监管标准。[④]

---

① David J. Lineman, "Security Rules to Live By: Compliance with Laws and Regulations," Tech Target, searchsecurity.techtarget.com/feature/Security-rules-to-live-by-Compliance-with-laws-and-regulations（accessed August 24, 2012）.

② "Health Information Privacy," U.S. Department of Health and Human Services, www.hhs.gov/ocr/privacy（accessed August 24, 2012）.

③ "The Fair Labor Standards Act（FLSA）," U.S. Department of Labor, www.dol.gov/compliance/laws/comp-flsa.htm（accessed August 24, 2012）.

④ "Basel II and Cyber Law Compliance," NAAVI.org, www.naavi.org/cl_editorial_05/edit_may_20_05_01.htm（accessed August 24, 2012）.

3.5　功课

IT治理是IT运营的基本部分，其目的是确保IT与业务保持一致，并确保风险降低到符合企业文化的程度。鉴于IT发展的趋势，我采取了以下准备方法，更重要的是，我调整了治理架构和范围，能更灵活地应对变化趋势：

● 我有规律地定时与来自其他各个行业的CIO交流合作，分享信息。经常将学到的新技术或有趣的技术纳入到我的三年IT战略规划里。我一直保持一个三年规划，并在年度预算结束并通过之后有规律地按时更新。

● 为开发云端战略，我在企业对其他执行官和领导开展教育性和简报性的课程。此前我在关于IT趋势和治理的讨论和文章里使用了"CIO作为首席执行官的老师"这个表达方式。我坚信今天的IT领导者有责任友好地给同僚和上级（包括董事会主管层）上课，普及有关技术战略、架构、治理模式和改变途径的基本原理——包括如云计算、社交媒体、虚拟化技术、IT消费和安全的技术机遇等。今天的CIO都是首席执行官的指导老师，帮助他们了解关于技术开发的选择以及对企业文化适当的改变。

● 尽管有点有悖于我的意愿，我还是采用了BYOD。在与很多同僚讨论过这个趋势后，我意识到，只要那些确实接纳了个人设备的CIO能够重新接纳和设计其信息或设备安全途径，好处是要大大多于坏处的。治理移动设备是关键。如果你的企业确实想要了解你的数据去向，数据泄漏防护DLP可能正是你需要的工具。

● 我研究了社交媒体技术趋势，包括社交媒体推广和数据分析工具。市场上有一些新的、很酷的工具用来指导和分析社交媒体推广。我在下一章将讨论具体的工具。我与我们的传媒领导者合作，了解她的战略并确定我如何做能有助于增值。形式可能是IT咨询输入、集成和数据分析。还有一点是：BI工具和社交媒体分析工具重叠了。我看到了BI供应商在未来几年的一些目标——我坚信总有那么一天，在目前的市场上，BI工具比单纯的社交媒体分析产品成熟得多。

● 我在考虑将BI放入私有云。我至今还没有准备好经营用于BI工具数据的公共云。让我迟疑的主要原因就是安全性。

● 在我们内部的数据中心，我将继续尽可能多地进行虚拟化。我们还准备做桌面虚拟导向。VDI已得到发展，但是在数据中心还不成熟，主要是由于对断开连接的客户端和设备有业务需求。但是早晚会成熟。

● 我不断地维护IT治理架构，使其能够平衡IT寡头垄断和IT双头垄断。我们使用IT寡头垄断是为了纯粹的基础设施决策和标准，而垄断制是为了所有的业务应用。鉴于移动计算、云计算和社交媒体的迅速发展，我在确保安全的问题上做了更多的投入。

● 我重新将重点放在数据流动安全上。随着越来越多的企业移到云端上并且采纳了BYOD，我相信DLP确实展现了最好的性能和承诺。

● 我正在利用移动设备治理工具，更好地管理个人设备和企业登记在册的设备。

● 我改善了IT项目投资组合过程的参与者（IT和业务）。这么做能将业务人员

纳入投资组合最好的实践中，并有助于组建更优秀的团队。我最重要的目标是：在投资组合中达成清晰的项目及最优先主动权。我还对已批准的项目使用了一个项目仪表盘模板。我们的项目经理在与客户开会时会使用这个模板。

● IT战略规划如今已成为决策者的考虑因素，尤其是那些针对业务或基础技术组件置于哪里的决策：置于我们的数据中心（本地数据中心）、置于私有云还是开放型云端上。我还扩展了IT战略规划架构内部的度量标准，每月或每年跟踪监督一次。

● 我一直坚持跟踪技术和产品趋势的。我是IT咨询服务的常规客户，这是为了确保我能得到对新产品最全面完整的研究以及市场担保。我还通过网络与其他CIO同行进行合作选择供应商，这样可以了解到其他企业如何实施新的解决方案、如何调整他们的治理，以及如何与首席同行们讨论不同可能性等问题的看法，只有这样才能适应变化。

3.6　攻略

在本章给出的建议很简单，因为要预测三年后的事情还是很难的。只能通过回顾过去来推断未来趋势，借以提醒自己。在过去二十年内技术发生了巨大的变化，更重要的是这变化对社会、个人以及商业有重大的影响。虽然有点羞愧，但是看看我们曾经经历过什么，还是很令人兴奋的。为了让我们为未来做好准备，以下是一些建议：

● 对移动设备安全性供应商及其产品进行研究，包括AirWatch、BoxTone、Cisco、Good Technology、Juniper、Kapersky、McAfee、Maas360、Zenprise以及Mobile Active Defense。

● 检查来自甲骨文/Primavera以及微软的IT投资组合治理解决方案。如今基于云的解决方案已经变得越来越切实可行。可以在www.innotas.com和www.powersteeringsoftware.com两个网站上跟踪查阅。

● 开发你自己的项目计分卡、规划和信息，将其纳入每月的CIO报告中。适当的将这与客户分享，在整个项目周期里明确告知团队员工任务、里程碑式的重大事

件、风险以及成就。

● 加强你现有和预期的客户基础，了解即将到来的业务驱动力和趋势，这些都需要IT的革新和服务。会倾听的重要性不亚于技术能力。

● 确保你有足够的渠道和关系网络，保持与个人和团体的联系，因为他们能够对你进行培训、给你提供信息。我发现，那些革新产品、创造新流行趋势的供应商和走在前沿的企业，是最能为你提供丰富信息的。多阅读相关的期刊和报纸，始终走在革新的最前沿。我个人很喜欢CIO.com、《哈佛评论》、CNN.com、《信息周刊》以及Computer World.com。

● 与IT咨询研究企业保持联系，关注其报告和趋势研究。我推荐福雷斯特公司、IDC公司和高德纳公司。

● 参加IT和商业的会议和活动。多与供应商、客户以及企业保持沟通与合作，看看他们在做什么。这些活动也是保持联络的不错契机。

● 如果你有时间和毅力，那就不断给自己充电吧！考证或读取更高学位无疑将丰富你的学识，充实你现有的经历。

● 参与并推动云计算的发展、制定社交媒体计划（如商务智能计划非常有助于提升营利性企业的价值及增加其收入）、尝试使用虚拟桌面及推出可将移动应用与核心应用相集成的平板电脑项目（可为移动用户带来极大的便利）。

● 紧跟社交媒体技术发展的步伐，玩转Twitter、Facebook和Salesforce等社交应用。目前，市场上涌现出了一些新工具，它们为社交媒体活动的策划、部署和监控提供了有力的支持。同时，这些新的社交媒体活动还将改变我们以往在社交网站上采集数据和进行互动的方式。请访问Salesforce.com网站以了解令人惊叹的全新云市场推广服务功能！

● 当你向云端加载应用的时候，请确保你的内部网络配置正确可用，这包括检

查网络设置、安全防护和通讯线路。

● 提高安全防护水平，开发旨在降低云计算、社交媒体和移动设备（特别是可连接企业服务器的移动设备）相关风险的最新技术。在这些方面，DLP（数据丢失防护）可成为行之有效的解决方案。

● 与你的云服务商就系统运行时间、不良后果和组件共享（例如，网络、服务器、硬盘、安全设备和数据库）等问题进行讨论。从共享资源里筛选出你需要的资源类型，并进一步关注那些可提高贵企业安全性的专用组件。

● 采用自带设备办公或坚守己见。我个人一直提倡使用自带设备办公，但最近一直迫于终端用户的压力而不得不改变支持个人设备的IT策略。根据对未来的研究和趋势预测，我们只能这样做。要么适应要么坚守。

04 服务水平协议

让你成功的天赋不过是把你能做好的事做好。

——亨利·W.朗费罗（Henry W. Longfellow）[1]

---

[1] Henry W. Longfellow, Inspirational Quotes, www.inspirational-quotes.info/success-quotes.html（accessed August 1, 2012）.

对那些使用云基础、移动和社交网络的销售、市场、IT和传媒专业人士而言，客户服务是一个新的侧重点。团队比以往任何时候都更需要紧密合作，因为他们是根据商业和技术复杂性将一项服务组件传给另一个的主力。生活在"移动社交"（移动计算与社交媒体的交叉互动）的时代，今天的CIO必须采用新的战略和技术，为客户（内部的和外部的）服务，而这些服务通常都是在云端上完成。本章将为当今的IT和商业专业人士提供见解和建议。

4.1　客户时代

今天的CIO需要更积极主动地与其他首席级别的同行们共同合作，为客户服务，不管是外部客户还是内部客户，或是商业用户和员工。福雷斯特公司将2010年及以后称为"客户时代"。[①]在他们的报告《客户时代的竞争战略》（*Competitive Strategy in the Age of the Customer*）中描述了以下时代：

- 制造业时代（1900～1960）。拥有工厂的企业——如福特、美国钢铁企业以及RCA——才拥有市场。

- 分配时代（1960～1990）。商业开始全球化，零售业迁移到发达国家的郊区。

- 信息时代（1990～2010）。网络联系的计算机、互联网、强大的搜索引擎、电子商务、企业级系统，以及这些系统内的信息都有助于企业为产品和分配进行战略规划。

- 客户时代（2010～至今）。大多数企业都有全球的供应链、互联网云计算以及移动技术，这些都提高和改变了战场。在未来会有大发展的是那些能最好

---

① Josh Bernoff, "Competitive Strategy in the Age of the Customer," Forrester Research, June 6, 2011.

地了解客户、并以竞争性的价格和速度提供客户所需的企业。

今天的买家比以往有更大的权力。买家能在互联网上很快地搜索产品并进行价格对比，包括通过移动网络，有时候甚至可以操控价格。客户在网上分享受到的服务和产品使用的经历经验，影响着市场和竞争力，这是以前所没有的。因此，今天，客户服务更重要，能够塑造或毁灭产品或品牌及客户的忠诚度，这不再由价格左右了。

根据"竞争战略"的报告所说，那些有技术武装的客户实在太过强大，也影响了本来持满意态度的客户的忠诚度。分析指出，"只做到以客户为中心或专注于客户已经不够了"；一个商业必须变得"以客户为导向"。福雷斯特的研究报告强调了客户导向型公司应具备以下特点：

● 机敏。速度要先于实力。改变管理结构，在新的市场和新的渠道中快速追赶客户的脚步。

● 灵活性。多用途更有价值。专利技术、闭锁合同以及经常性的奖励项目并不能创造客户的忠诚，只是阻挡了客户离开的脚步。以客户为导向的企业则将重点放在满足客户需求上。

● 全球性。要接纳全球供应、需求和市场。高盛预测将有8亿新的中产客户在印度、巴西、俄罗斯以及中国诞生。将生意困在自己的国家是不会有持续性发展的。

● 智能型。产品或交易应提供更多的信息。新的应用程序以及更新的信息，由各种技术（包括移动技术）进行传播，这些信息如今也是客户要求的。[1]

---

① Ibid.

　　该报告为客户导向型的企业提供了一些预算方面的战略性规则的建议（见表4.1）。

表4.1　客户导向型的企业的战略需要和预算需要

预算优先级	战略性规则		预算改变	
	需要多做的事情	需要少做的事情	增加预算	减少预算
客户对产品的实时看法	综合实时监测和数据库洞察力；寻求深层次的需求	以低效的调查为基础的研究、无目标的电子邮箱轰炸	社交聆听平台，客户情报	传统的研究调查
客户经验和客户服务	资助一个可以在各个渠道工作的客户体验团队	客户服务员工以呼叫量为目标	综合的客户体验，呼叫中心培训	单一渠道客户体验项目
智能销售渠道	专注于终端用户和重复业务；建立客户数据库	全渠道覆盖增加销售额	丰富客户数据库	渠道销售
互动内容和市场	创造有反馈的内容；建立移动应用来招揽客户	无目的的社交应用和广告轰炸	目标驱动的社交和移动应用、网站内容	单向广告

资料来源：福雷斯特公司

　　客户导向型的CIO需要结合实施监控和数据库洞察力，创造移动应用程序来招揽客户，并推动其产生财政收入，应用社交平台和网站来收集客户和竞争对手的信息，并提供更高级的客户服务。[1]

　　极少数的CIO能真正"拥有"客户，因为现在已经是市场、销售和专门的客户服务部门在起主导作用。根据一个全球CIO客户满意度的网上调查，IT在客户满意度、政策、度量标准和服务上得分都很低，在这三个主要领域的百分比都不到10%（见图4.1）。[2]

---

[1]　Bobby Cameron, "CIOs Must Become Customer-Obsessed," Forrester Research, June 22, 2011.

[2]　Chip Gliedman, "CIOs: Step Up and Support Your Company's Customers," Forrester Research, November 11, 2011.

"在你的公司什么部门主要拥有以下职责？"

■市场 □销售 ■制造业 ▨客户体验 ■客户服务 ■其他 □IT

客户满意度政策、战略和目标	26%	24%	5%	13%	29%		3%
客户满意度实现	5% 26%	5% 3%		29%	24%		8%
客户满意度评估和标准	24%	13%	5% 3%	26%	24%		5%

调查群体：38位IT专业人士

来源：2011年第三季度全球CIO动机和外部客户满意度在线调查

图4.1　在客户满意度规划、实现和标准方面IT是个追随者

资料来源：福雷斯特公司

当被调查者被问到什么是客户服务的主要目标时，其回答并不令人惊奇（见图4.2）。有58%的被调查者回应收入是最优先的，然后是企业文化（26%），接着突然下滑到保留客户（5%）和降低成本（5%）。[①]

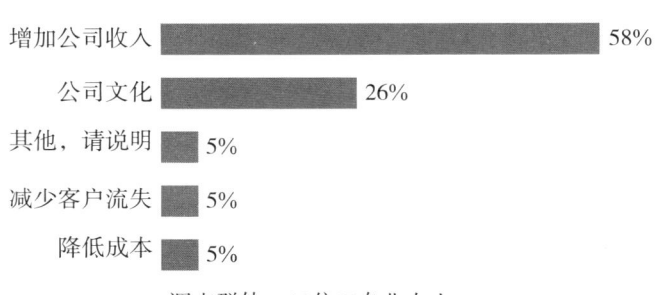

"什么是你增加客户满意度的主要目标？"

增加公司收入　58%
公司文化　26%
其他，请说明　5%
减少客户流失　5%
降低成本　5%

调查群体：38位IT专业人士

来源：2011年第三季度全球CIO动机和外部客户满意度在线调查

图4.2　客户满意度关乎收入

资料来源：福雷斯特公司

---

① Ibid.

是否将客户服务功能外包，根据企业和产业的不同会有不同的决定。一些为减少成本而使用离岸客户服务企业的企业，也是在深度分析后确定不会因为支持者和被支持者之间的语言困难而损失客户之后，才会决定外包。

近期我开展了一个关于是外包IT帮助平台还是留其在内部的研究分析，由于客户服务的高标准要求，并考虑到企业的企业文化，我们还是愿意花费高成本，减少资金周转率，而使用内部解决方案，放更多的员工在现场，而没有用虚拟化解决方案。一些企业没有实力支付顶级的奢华方案，也因此寻求低成本的解决方案。鉴于对是否将客户服务功能外包讨论的规模以及根据从收费的IT咨询企业（如福雷斯特、IDC以及高德纳）得来的信息，我建议在投入和决策之前，先对外部信息进行研究和分析。单纯对外部信息的内容和分析就可以写一两本书了。

客户服务并不只是为已有的客户，同时也为潜在的客户群服务。我最近在思考一个问题，当我在评估两个以网络为基础的企业和他们提供的服务时，客户服务到底有多重要？我在两个网站上兜了一圈，一个是提供网上家族谱系服务的Ancestry.com，一个是网上投资研究企业的Zacks.com，我想试试看成为它们的正式用户会怎样。两家都有非常贴心的服务，并提供有帮助的有趣信息。在试过两个网站的一些收费服务后，我决定退出，因此我通过两个网站的注销程序进行注销：一个是用电子邮件，另一个是在网上填表。但两个都在我注销很久后还不断地给我的电子邮箱发广告，虽然我已经收到了确认注销的短信。

不堪其扰之后，我决定分别联系他们的客户服务部门，让他们停止广告。在几次电子邮件联系并请求与Zacks.com客户服务部门的主管通话之后，我的名字终于从

他们的广告名单里删除，没有广告了。而我做这些事所花费的时间远远超过了我尝试他们服务的时间。而Ancestry.com却还继续给我发了一个月的垃圾邮件，即使我给他们的客户服务团队打过电话，而他们在2012年9月9日给我的回复非常可恶，而且让人记忆深刻，让我觉得我应该与各位读者分享之：

"我们为这个问题所带来的困扰道歉，并且感谢您的反馈。我们将您的要求交到我们的管理团队审查。但是，根据自动发送信件的周期，将您的电子邮箱地址从我们的广告名单中删除可能需要30天。"

在今天，我无法想象一个有技术和策略的企业，在服务客户时，需要花30天将一个电子邮箱地址从市场推广的广告名单中删除。在今天这个客户时代，真正专注于服务的企业只需要很简单就做得更好，否则他们将败给其他那些正在为客户和潜在客户的需求上花大力气的企业。不管我觉得Ancestry.com的服务有多酷多好，由于他们的服务让我极其烦恼——包括那些我补救问题所花费的时间——我将永远不会成为Ancestry.com的客户。

这个例子对所有企业是一个很微妙的提醒：简单的小事情绝对重要，没有重视平凡不重要的小客户的请求也会有坏影响。在未来，当客户能从很多企业买到产品和服务时，竞争也随之加剧，而客户服务则能促进客户对企业及产品的忠诚。不做好客户服务会产生巨大的消极影响。在未来，企业需要通过多渠道响应和满足客户的预期，而不只是通过电子邮件和电话来沟通。客户服务的未来是在社交媒体上，能做好社交媒体，客户服务才有前途。

4.2 服务水平协议

服务水平协议通常指由供应商或IT团队向其内外部客户提供服务时，形成衡量服务水平的一种合同式的，或是有针对性的协议。我通常会列出以下定义来帮助大家更好地理解什么是SLA：

● SLA是由服务供应商（IT人员或供应商）与其客户签订的一个虚拟的或真实合同式的协议。客户在该协议中列出所要求的、具体的服务预期条款以及未达协议服务水平时的索赔事宜。

● "简单地说，SLA是一个描述客户向服务提供方提出服务水平级别，列出服务度量标准，以及对未达水平要求所实施的补救办法或赔偿的文件。"[1]

简而言之，SLA的条款包括以下内容：

● 提供服务所需的具体内容，包括暂停服务的任何可能条款。

---

[1] Lynn Greiner and Lauren Gibbons Paul, "SLA Definitions and Solutions," *CIO* magazine, August 8, 2007, www.cio.com/article/print/128900（accessed August27, 2012）.

● 对发生的问题、提交的请求或出现的任务的响应速度。我们通常采用的服务优先级的分类如下：

◆ 严重程度1：首要优先的服务请求，是指生产系统或服务停产。

◆ 严重程度2：高优先级的服务请求，是指应用程序或系统正在妨碍业务过程的完成，对大的团队或客户有影响。

◆ 严重程度3：中度优先级的服务请求，是指应用程序或系统对业务有较小的影响，只有小部分人受到影响。

◆ 严重程度4：低度优先级的服务请求，是指对购买的应用程序或软件或硬件的改善，在时间上并不敏感。

● 解决问题、请求或任务的速度和准确度。

● 一个特定服务的度量标准的可行性，用百分比表示，或是某交易的性能表现的度量标准。

● 未达SLA目标的索赔。

● 法律和管理要素，包括报告的频率、度量标准、纠纷的解决、赔偿保障条款，这些可以保护客户避免因任何违反条款导致的第三方诉讼，以及改变或更新协议的机制。[①]

大多数CIO阐明SLA，有助于解决IT服务台收集来的内部及外部客户的问题。本章后面，你会从我调查的CIO那里了解到SLA有多重要，以及他们如何设置主要服务目标和度量标准。SLA还被大大使用在IT服务的合同里，这些IT服务通常是设置在IT数据中心之外的，又同时是在内部IT员工可控的范围内。以下列出了SLA在哪些合同里非常重要：

---

① Ibid.

● 为公共网站提供支持。系统正常运行的时间目标，通常包括精度达到四到五个九（例如99.99%或99.999%是正常运行时间）。

● 为有反欺诈因素的电子商务解决方案提供支持和服务。

● 为企业级别的软件解决方案（例如，Oracle Financials、SAP Manufacturing、Oracle/PeopleSoft Human Resources）提供支持和服务。

● 履行客户服务功能（例如，为内部员工或外部客户服务的IT服务台、客户服务电话中心、社交媒体、智能手机）。

使用SLA是缘于以下作用：

● 风险最小化，尤其是对列入合同的服务。

● 为客户设置了前瞻性的预期条款，不管他们希望通过怎样的渠道（社交媒体网站、电子邮件、网站、手机留言、智能手机或是SMS）获得支持。

● 为员工改进生产效率（内部SLA）。

● 对客户忠诚，同时推动财政收入（外部SLA）。

● 为各方设立清晰明确的角色和职责。

为应用程序或系统正常运行时间能达到很高的百分比，云端供应商提供了很多的解决方案，其中有些正常运行的时间甚至高达99.999%。但是，通常合同性目标都要求系统或应用程序正常运行时间达到99.95%或99.99%。那些能提供高水平服务的供应商，往往也要求其客户为所拥有级别水平的各种组件付费，以确保没有任何一点疏漏会导致其网站解决方案降低到目标以下。

以下提供了一些真正合同中SLA的条款的样本。

合同1：全球大型IT主机及应用支持供应商

合同包括服务、SLA和赔偿或信用计分。赔偿或信用计分的度量方法和计算方式是重要途径。例如，如果一个系统正常运行时间没有达到SLA的服务级别，那么就只有50%的信用度。

服务

● 将10个Oracle/PeopleSoft Financials系统模型托管在一个冗余的Unix环境的应用程序或系统。

● 支持系统的应用程序或支持服务（业务和技术）。

● 支持系统的网络管理和安全服务。

● 备份管理和恢复服务，包括多数据中心网站的恢复计划。

SLA

● 服务请求响应。

◆ 严重程度1：要求在15分钟内给予100%的响应（适用权重25%的赔偿-信用准则。

◆ 严重程度2：要求在2小时内给予90%的响应（适用权重20%的赔偿-信用准则）。

◆ 严重程度3：要求在1个工作日内给予80%的响应（适用权重5%的赔偿-信用准则）。

◆ 在5小时内同时修复一个严重程度1的服务请求。

● 系统正常运行时间（基础设施和PeopleSoft应用程序）。

◆ 生产系统：99.5%（适用权重50%的赔偿-信用准则）。

◆ 非生产系统或环境：99.5%。

● 24小时内在备用数据中心完成站点恢复原，可选择恢复12小时或是24小时的数据。

赔偿或信用计分

● 如果合计和加权后的SLA分值没有达到每月签订合同的要求，则被罚每月续生成本（MRC）的10%。

由SLA失败导致的合同终止

● 如果在连续12个月的期限内有连续3个月或5个月生产系统没有达到正常工作时间99.5%的目标，客户可以不支付每月续生成本的剩余百分点而直接终止协议。

合同2：地区小型IT服务台供应商

合同包括服务、SLA和赔偿或信用计分。赔偿或信用计分的度量和计算方法是重要途径。例如，如果系统正常运行时间没有达到SLA的服务级别，那么只有50%的信用度。

合同每月的固定费用是基于所支持的员工的数量，而非基于每月提交的请求单数量或是提供支持资源的每小时流量。这个协议还清楚地阐明了增加或减少员工数量所需的费用，这对客户而言非常灵活，而且不管所支持的工作量如何，都能知道成本。

服务

● 网络支持管理，包括安全和防火墙服务。
● LAN和云端应用程序的账户管理。

- 远程和现场IT服务台或请求单的服务和支持。

- 桌面支持，包括终端安全管理。

- 资产管理。

- 供应商联络服务，尤其是对以云端为基础的电子邮件、电话和合作解决方案。

- Windows或服务器以及网络修补管理。

- PDA同步和对电子邮件服务的支持。

- 内容或URL过滤。

- 技术管理和对现场服务器、网络、安全和储存网络的支持。

SLA

- 服务请求响应

◆ 严重程度1：15分钟内响应，4小时内解决。

◆ 严重程度2：1小时内响应，如果是在当天工作日时间发生，则在4小时内解决，或者是如果是在下班时间发生，则在第二天工作日2小时内解决。

◆ 严重程度3：在4小时内响应，1～2天内解决。

◆ 严重程度4：在1天内响应，3～5天内解决。

- 系统正常工作时间（基础设施和PeopleSoft应用程序）

◆ 生产系统：未指定，因为架构在关键层面（服务器、储存空间网络、到云端系统的互联网连接）上设备过多。

赔偿或信用计分

- 无

由SLA失败导致的合同终止

- 如果没有达到预期服务级别，只要有足够的时间提前通知，任何时候客户都

可以终止协议，并不用赔偿。客户只需要支付费用到合同突然终止那天，而不用支付到原来合同指定的终止时间。

SLA和合同的区别

标准的IT服务台的SLA与传统合同里提供托管或应用程序服务的SLA不同，因为所提供的服务内容不同。表4.2是一个内部IT员工使用IT服务台SLA的例子。

这个例子区别了两种不同的情况，一种是针对用户端的计算机、账户管理和设备支持的标准服务台的要求，另一种是复杂的企业级系统，如SAP、Oracle/PeopleSoft或是Salesforce.com所提供的支持。以下是一些典型的IT服务台的客户问题：

表4.2 企业A：IT服务台及企业级系统SLA

	IT服务台要求		企业级系统要求	
	响应	解决	响应	解决
严重程度1	15分钟	4小时	1小时	4小时
严重程度2	1小时	8小时	4小时	8小时（功能性问题） 5天（技术性变更控制问题）
严重程度3	8小时	3天	8小时	3天（功能性问题） 7天（技术性变更控制问题）
严重程度4	2天——主要是确定适合的团队以响应/组建团队	5天	2天	不适用（取决于资源可用性、要求、资金）

- 全新的PDA或者智能手机的请求。

- 电脑或笔记本服务的请求。

- 计算机贷款的请求。

- 计算机外部设备（符合人体工学的键盘、鼠标、耳机、数据键、CD-RW等）的请求。

● 监控升级的请求。

● 打印机服务（例如错误或墨盒）的请求。

● 用户账户密码重置的请求。

● 已锁的用户账户（主要是因多次输入错误密码所致）的解锁。

● 创建一个电子邮箱分配名单，或将用户加入到一个已建立的名单中的请求。

● 软件安装（例如，Microsoft Project、SPSS、Adobe Acrobat Pro.）的请求。

● 发送打印任务到一个备用网络打印机。

● 报告病毒。

● 报告垃圾邮件，或查询如何将电子邮箱地址加入到垃圾邮件接收或拦截名单中。

这些是通常称为请求单的服务台要求的类型，与那些更加复杂，花费成本更多的系统支持要求不同，例如上面列出的来自Oracle和Salesforce.com的那些。对企业级的系统请求单包括：

● 询问如何做或处理事情（例如，如何审批发票或创建一个采购单）。

● 要求改善应用程序（例如，在审批发票、基于发票额创建审批的特殊途径等情况下，将供应商名称的联系方式列表添加到下拉清单中）。

● 修改系统中不正确的数据（单个或多个行或记录）。

● 报告一个应用程序中断或错误（例如，应用程序不可用或在试图进行特殊处理时出现运行错误）。

● 要求用户账户安全角色的变更（例如，允许现有员工有权限批准最高达5万美元的合同）。

● 增加或改变一个工作流应用程序（例如，将一个批准的部门合同发到中央采购团队做最终批准或处理）。

工作项（如上所述）通常需要IT变更控制或特定的流程与测试，以对系统或应用程序进行物料变更。大多数的IT审计要求CIO将所有物料的变化记录到生产系统，特别是财务系统内或与财务系统有接口的物料变化。另外，如今已有了针对IT服务台和IT变更控制功能的成熟系统。一些供应商在一个独立的应用程序里提供两个功能。我的团队使用的是微软的系统，能提供两种功能。

因此——回到IT变更控制的话题，SLA都是不同的，而且对没有IT变更控制的请求单而言通常较简单。这是因为SLA占用的时间更少，也不那么复杂。针对包含或不含IT变更控制的企业级请求单，其区别如下所示：

● 第3022号IT支持单需要关于审批发票的说明。如果发票金额不同，还需要说明通过工作流交由主管审批。这个请求单会被归类到"严重程度3"那一档，交由技术员工或其他支持资源（功能性或业务）进行解决，并且对解决时间限制在4～8个工作小时。

● 第6011号IT支持单要求大量的数据变更。根据企业采购需要，在从2013年1月1日到目前为止，这期间所发生采购的供应商代码由ORCL更新为IBM。这项请求单会被归类到"严重程度2或3"（取决于紧急程度），交由技术员工或其他支持资源（技术性）进行解决，并且要求解决时间限制在5天，因为需要通过正式的IT变更控制实施这项变更。正式变更控制通常包括以下几个步骤：1.分析，2.设计，3.实施，4.测试，5.投产。

除了因特殊要求而使用SLA之外，IT部门通常还要对关键系统正常运行的SLA目标值进行维护。表4.3是包含关键基础设施和应用的生产系统正常运行的SLA示例。

表4.3　企业A：系统正常运行时间SLA

服务	正常运行时间SLA	时间目标	停机时间/维护
网络	99.5%	全天候可用 全天候支持	3.6小时/月 （非工作时间）
应用程序	99.5% 日常应用 99.5% PeopleSoft Ceridian 98.0% Salesforce	全天候可用 工作时间支持	3.6小时/月 （非工作时间）
电子邮件	99.5%	全天候可用 工作时间支持	3.6小时/月 （非工作时间）
互联网	99.5%	全天候可用 工作时间支持	3.6小时/月 （非工作时间）
电话	99.5%	全天候可用 工作时间支持	3.6小时/月 （非工作时间）

SLA条款的谈判会根据服务、供应商（包括规模和范围）以及企业文化的不同有所变化。以我的经验，以下内容对SLA和外包服务下是真实可行的：

● 和大型供应商谈判SLA包括赔偿，是比较困难的，除非你准备每年都花上一笔数量可观的资金。

● 网站和应用程序的供应商通常都提供四个9（99.99%）的系统正常运行时间，一些更具进取心或更有头脑的会提供五个9（99.999%）的正常运行时间。依我的经验，那些为很多组件大力提升虚拟化技术的供应商（例如，网络、安全性、服务器和负载均衡器）有可能提供更高程度的系统正常运行时间。

● 小型或地区的供应商更容易与之谈判，包括SLA和赔偿，尤其是他们在与著名大型供应商竞争时，更是如此。这是因为他们更想做成生意，而成交额在其年

度财政收入里会占很高的比例，而在大型供应商那里所占比例则较低，比如惠普、IBM或是甲骨文。

● 大型供应商能提供更稳定、更标准的条款，在谈判SLA和其他关键条款时则缺乏灵活性。

● 小型供应商在合同谈判、改变关键条款以及SLA时更具灵活性。实际上，我成功地制定了供应商同意的SLA，包括如果不达SLA要求就赔付的条款，重新设置了一套对自己更有力的SLA。但是，伴随灵活性而来的则是风险——这是由于缺乏标准的程序、技术、支持技术和允许员工出错的宽容度。关键是，要找到适合的企业——这个企业要足够成熟，规模足够大，有更标准的程序，同时又对条款、SLA和赔付还比较灵活。

4.3　服务调查

　　为了让CIO能够深刻了解他们的团队工作表现如何，通常采用表现调查和服务调查。我发现，客户调查在内部和外部客户那里获得有价值的反馈方面，是非常有用的机制。我个人每年都为我的员工做年度调查。这样做能够设置支持和反馈的底线，收集的年度数据能够展示改善的方面以及不好的趋势。好的调查包含了定性和定量的度量问题。

　　下面是一个调查的样本，有一些是我过去用过的问题。你可以根据企业的需要进行调整。如果你有一个做计划或是做投票的团队，先征求他们的意见，因为他们在调查问卷的设计方面能提供最好的实践经验。

　　第一部分：前文及导言问题。说明调查的目的，并说明调查问卷设计者是否会将参与者的新信息分享公开，这是十分重要的。如果调查问卷设计者说明调查是匿名的，你就会得到更多的响应和更诚实的答案。要避免那些需要参与者提供信息的问题。当对准确度有更高要求并且更容易整理答案时，要使用多项选择的问题。开

放型问题的答案需要做更多的分析，尤其是如果调查参与者的数量很大的时候。而且，如果一个部门不大或是该部门名字会很容易让人猜到具体的答卷者是谁，还应该避免出现具体的部门名称。

要列出调查问卷的目的，要做多少次调查（如果不止一次），以及答案的用途。如果告诉参与者填问卷将来可以获益，你可能会得到更好的答案以及更多的参与者。我通常会编辑问卷答案，并在调查结束并充分分析后，与员工分享分析出来的数据，相关的执行官和下属也都会得到分析结果，对接下来的工作简单汇报，比如接下来有明确的工作计划，比如对员工进行特殊的培训。当你公开发布了调查结果后，又从参与者那里得到反馈，列出你将来要采取的行动是十分有用的。

（1）你在本企业工作了多少年（职位任期）？给调查问卷设计者的提示：使用年限的多项选择清单（例如，0～2年，3～5年，6～10年，10年以上）。

（2）你的职位是什么？提示：开发一个合理的多项选择清单，从行政员工到以上级别，但是不要写出高级别职位名称，如执行官，因为这样的答案很容易确定是某个人。

（3）你在哪个办公室或地点工作？提示：以多项选择的方式列出所有地理位置的办公室。如果与你的工作地点相关，就要确保列出本部办公室。（例如，华盛顿、洛杉矶、加拿大、伦敦、本部）

（4）你的工作状态（例如，全职或是兼职）？

第二部分：IT团队信息（可选）。包括的信息有IT团队做什么、团队的组成，以及每个子单位专攻的领域（例如，企业系统、网络运行、PMO、网站、软件开发）。

第三部分：定性问题。要针对提供的技术和服务、IT标准、特殊技术的重要性、支持的时长以及IT培训等，问一系列的定性问题。根据企业的情况做具体调整。

（1）目前的计算机标准是否符合你的需求？

（2）如果不符合，你希望用什么来用作你的主要计算机？

（3）企业的远程网络解决方案是否方便使用，是否提供了必要的界面来指导你在办公室之外的地方工作？

（4）如果不是，那怎么改善远程网络工作？

（5）IT服务台是否根据你的时间表安排灵活的解决问题的时间并为你亲自提供帮助？

（6）IT部门是否针对其提供的技术产品提供足够的IT培训？

（7）你期待未来看到什么样的IT培训？

（8）描述你在过去一年得到的IT支持（差、一般、好、很好、极好）。

（9）你的IT服务请求是否快速得到解决，你的预期是否在发布的SLA条款中得到满足？

（10）在企业的内联网上，是否清晰表述了IT政策、程序和标准？

（11）什么IT政策必须清晰？

（12）什么样的附加信息对在企业内联网上的IT交流有帮助？

（13）什么样的新IT服务将来会对你有帮助，为什么？

（14）IT哪方面做的好？

（15）你对IT有什么样的改善建议？

第四部分：定量问题。要问一系列比较容易由部门度量的定量问题。

请根据以下五个评价在问题中给IT部门打分：1=强烈不同意，2=不同意，3=中立，4=同意，5=强烈同意）。

（1）IT团队了解我的商业需求和要求。

（2）IT为我所遇到的挑战提供了解决方案。

（3）所提供的IT服务很准确，并且在第一次尝试的时候就大致解决了我的问题。

（4）IT员工沟通起来很专业也很礼貌。

（5）我相信IT团队专注于结果。

（6）IT团队，包括服务台，对紧急的请求提供了及时的响应。

（7）IT员工培训对我的员工提供了有效的培训。

（8）IT团队提供了可靠的技术和系统，能支持我的工作或角色。

（9）我了解IT在整个企业的角色。

第五部分：总体IT评价。我认为IT部门是以下：1=差，2=一般，3=好，4=很好，5=极好。

有很多很好的调查问卷工具，可以整合进企业的内联网上，并通过互联网和电子邮件传送。这些工具并不贵，而且可以进行多年设计、开发、分析和报告调查问卷。我向CIO强烈推荐这样的员工调查问卷。

4.4 供应商评价

另一个对CIO和IT部门很有帮助的机制是供应商计分卡的使用。我发现使用供应商计分卡有以下好处：

● 计分卡能开展和保存表现清单数据以及对供应商的评价标准——主要是战略性供应商（例如，服务和企业级软件和硬件），而非以日用为基础的供应商。

● 计分卡能够促进改善供应商服务和交付产品性能。

● 计分卡通过确立清晰的预期、度量对预期服务的互动以及公开专业诚实的交流，能促进战略性供应商的管理。

● 计分卡能够促进团队整合，将技术员工和商业员工团结在一起，对供应商的表现进行反馈。

● 计分卡能提供对供应商预期、目标、问题和成绩的书面记录。

我特别比较了供应商的反馈和我们内部的反馈（IT和商业客户），并寻找二者的差距。供应商对其表现的自我评价和我们对其表现的评价之间的差距越大，沟通

上存在的问题就越大。

以下是一个供应商计分卡的样本：

第一部分：供应商信息、合同、角色。

第二部分：供应商填写的主要定性问题。

（1）你去年完成最好的或帮助促进成功的三个主要成绩是什么？

（2）你在过去一年所面对的困难挑战有哪些？你在未来将如何改变以减缓困难并增加可预见价值？

（3）为增强你与可预见价值的关系，并增加可预见价值，你会推荐做哪方面的改善？

第三部分：供应商填写的主要定量问题。为你自己打分从1到5（1=低，5=高）。

（1）响应度和可用性

（2）交付使用和工作的质量

（3）客户服务定位

（4）工作的准确性

（5）投资的价值

（6）沟通交流中的职业水准（公开、一致、有效）

（7）创新性工作途径

（8）主动提出建议解决问题

（9）了解企业的商业需求

（10）与企业员工的工作关系的质量

第四部分：企业（IT和商业员工）填写的主要定性问题。

（1）供应商去年完成最好的或帮助促进成功的三个主要成绩是什么？

（2）供应商在过去一年所面对的困难挑战有哪些？供应商在未来将如何改变以减缓困难并增加可预见价值？

（3）为增强供应商与可预见价值的关系，并增加可预见价值，你会推荐做哪方面的改善？

第五部分：企业（IT和商业员工）填写的主要定量问题。为供应商打分从1到5（1=低，5=高）。

（1）响应度和可用性

（2）交付使用和工作的质量

（3）客户服务定位

（4）工作的准确性

（5）投资的价值

（6）沟通交流中的职业水准（公开、一致、有效）

（7）创新性工作途径

（8）主动提出建议解决问题

（9）了解企业的商业需求

（10）与企业员工的工作关系的质量

第六部分：列出或描述供应商表现的优点。

第七部分：列出或描述对供应商改进的建议。

第八部分：将结果列成表并将最后表现做成报告。企业在衡量每一个问题或每一个部分的时候可以具创造性，使最后的打分能自动化计算，不主观。我建议使用描述性打分方式（差、一般、好、很好、极好）而非简单的数字给分。

第九部分：签名。我要求，做调查问卷的内部IT和商业员工以及来自供应商的线上管理执行官都在供应商计分卡上签名。这能确保在我们将结果发给供应商的时候，高级执行官团队里（副总裁或更高级别）能有一名成员读到并了解到这些调查结果。

我咨询了我的执行官和CIO专家组，服务及SLA问题和他们如何确定服务目标、如何衡量结果的想法。他们的答案都列入了如下的CIO调查里。

CIO调查

你是否对主要IT服务使用正式的SLA，包括服务台统计追踪？

● 是的。但是，这个信息以及对这个信息的强调并没有五年前那么重要。今天的商业关心的是IT商业计分卡以及IT关注的度量。计分卡每月都会分享，但是大多

数商业执行官最关心的是直接影响到其团队的主动权。

——乔尔·施瓦尔贝（Joel Schwalbe），CNL Financial Group CIO

● 是的。主要的应用程序都有服务水平目标。我们对服务水平进行监控，并每月进行报告。对重要的方面进行讨论是最基本的。如果服务水平漏掉了，那就没有赔付了（有的只是糟糕的感受）。

——约翰·沙利文（John Sullivan），美国化学协会CIO

● 是的。我们正在使用这些统计数据来衡量外包供应商的表现。

——A. 穆拉特·曼迪（A. Murat Mendi），Ulkdar Holding CIO

SLA给你的企业带来了怎样的收益？

● SLA为商业的高水平服务提供了基础。

● 随着商业的变化和增长，SLA依据新商业的要求而改变基本服务水平。

● SLA使我有能力管理三个IT服务水平的所有资源：维持现有服务水平、逐渐扩大服务以及进行大规模服务转型。

——杰·西格伦（Jay Seagren），皮尤慈善信托基金会企业系统部门高级经理

● 客户满意度。

● 全球性的表现改善。

● 用基准问题检测。

——瑞·伯纳德（Ray Barnard），福陆公司（Fluor）高级副总裁兼CIO

● 我并不是特别提倡以SLA为基础的管理、增进关系或是逐步协调合作关系的能力，但是我们的一些新的外包运营协议却是提倡以SLA为基础的度量方式。而其所能带来的好处我还要继续观察。

——马丁·冈伯格（Martin Gomberg），A&E Networks前首席信息官、高级副总裁兼全球业务保护总监

对问题或请求单的响应和解决的达标度，你会给出怎样的百分比（理论上，每月的）？

优先级	服务
严重	15分钟内响应。98%的请求单都能达标
高	1小时内响应。95%的请求单都能达标
中	4小时内响应。93%的请求单都能达标
低	在几个工作日内响应。90%的请求单都能达标

——乔尔·施瓦尔贝（Joel Schwalbe），CNL Financial Group CIO

优先级	服务
严重程度1	24小时内解决。100%的请求单都能达标
严重程度2	5天内解决。99%的请求单都能达标
严重程度3	30天内解决。98%的请求单都能达标

● 我没有自己亲自监控，但是服务台的经理和技术主管每天会进行监控。

——费尔·雷德蒙（Phil Redmond），美国人道协会IT部总经理

你是如何使用SLA来改善IT服务的？在你的企业里是如何传达SLA的？

● 检测所有的响应，让我们可以在必要的时间和地点调整人事，改善我们提供的服务。我们可以在每月的部门会议上沟通我们应如何调整IT人事，在每月的执行

董事会上沟通我们在管理上做的如何，并在市政会议上沟通我们对员工做的如何。

——凯罗尔·F.诺斯（Carol F. Knouse），EduTuit Corporation高级副总裁兼COO

● 设立团队目标并用更低的成本维持同一个SLA，或是用同样的成本改善SLA。

——约书亚·R.杰威特（Joshua R. Jewett），Family Dollar Inc.高级副总裁兼CIO

● SLA有助于对预期目标进行管理，这样用户能知道我们提供什么样的服务和服务水平，并且能够根据SLA客观地评估他们对服务和帮助的预期。我们的SLA发布在内联网上，当客户购买数据中心或管理性的服务时，可以为客户提供书面版本。

——埃德·安德森（Ed Anderson），世界宣明会（World Vision International）全球CIO

你是否对比测试了你自己的IT企业与其他企业的SLA？如果是，为什么？

● 不。我们没有什么途径掌握其他企业的SLA。我们希望看到第三方供应商针对SLA的产业标准，因为这将有助于我们坚守这个SLA。今天我们还经常猜测调查，看看供应商能承担到什么程度。

——戴尔·波罗科夫（Dale Polekoff），Jacob Stern & Sons Inc. CIO

● 不，但是我对此却很感兴趣，希望有可靠的机构或企业能够准确地做对比。

——约翰·沙利文（John Sullivan），美国化学协会CIO

4.5 功课

写一章关于客户服务和在数据（这些数据都是内部收集来的或是外部检测收集来的）上的改进还是很有意思的。因为关于什么是服务的问题，每个人都有着不同的见解。在我为本章做研究、采访CIO的时候，我发现，从合同的角度（例如，在合同里与供应商如何建立SLA及罚款）来写对服务和SLA的研究，在数量上是占优势的。这些文件里的信息都比较一致，而且这也是为什么我们签的这么多的IT服务合同都在SLA和罚款基础上有公式化的协定。

在内部的SLA和度量方面却不是这么回事，并且确实很难找到关于内部SLA的可靠数据和标准来对抗其他的产业或企业。因此，当我对CIO专家调查内部SLA时，他们掩盖了大部分，没有一点连贯性——除了对严重程度1和2的响应频率，其他的反馈就好像一副纸牌一样看不懂。

我十年来所做的关于以服务为导向的架构、调查和SLA，都列到下面的大纲里：

● 作为供应商协议战略的一部分，我将目标SLA和赔偿同时包括在一个章节内。我每一次与供应商签有关服务、虚拟主机等等的合同时，都会使用这个资料。这个来自IT咨询服务（比如福雷斯特）的资料以及有利的合同SLA，都被我用来作为挑选供应商SLA的条件。

● 我设计开发了内部SLA，每月拿它们做对比，以设置表现性能标准，然后找机会在其基础上进行改进。我还把我的SLA发布到企业的内联网上，包括对每月的表现性能与目标（响应与解决）的对比衡量。

● 我将企业级别的系统SLA与传统的IT服务台SLA分开，因为服务需求的类型有很大不同。

● 我亲自指导对客户的年度调查，找出我们什么做得好、什么需要做的不一样或进行改进。只有不畏惧学习和成长的企业，才会将其年度调查结果公开透明地公布出来。

● 我只对我的一小部分战略性供应商进行年度计分。该流程的目标非常简单：缩小客户和供应商预期之间的差距，并提高投资效益。

4.6 攻略

我对本章的建议如下：

● 从你的IT咨询研究企业那里获取SLA的信息。将你所拥有的与那些最好的实践和建议做比较，并进行必要的调整和改进，优化你的企业。

● 研究那些提供客户服务外包的企业：Alpine Access、Convergys、LiveOps、Teleperformance、TeleTech、West Corporation以及Sitel。他们提供内包和外包的综合服务，包括客户服务、销售和获取、收集以及其他支持办公室的功能。

● 查阅www.surveymonkey.com。这是一个又便宜又好用的调查工具，可以用它来定制调查，并以多种方式公布或整合调查。更多正式的调查技术则需要咨询IT咨询研究企业。

● 如果你不将推荐的合同SLA信息纳入供应商管理战略，那么就要开始建立一套理想的"合同服务的语言"。从列出供应商提供的IT服务的种类、理想的SLA及赔偿、现行的SLA及赔偿以及终止条款开始，你可以用这个最终版本来做新的合同，或是作为需改进的条款加到新续的合同中。对你的财务或合同系统做民意调

查，找出什么合同在接下来的六个月里是合适的，并尽早开始为之做准备。

● 以你自己的标准为供应商计分，而不是以他们的标准。很多不断进步和成熟的供应商都对他们的客户进行计分，但是可能计分上面的措辞和问题和你预期的不一样，因为它们通常是为供应商设计的。我只为战略供应商计过分，而非商品供应商。商品供应商是相对容易替换的（例如计算机或打印机的供应商）。你可以借鉴我的计分卡，并且根据你的需要进行改动。

● 为你的商业客户和员工在内部实施SLA。对反馈和严重程度的解决方法，设置可达到的水平，能尽可能地契合你们的商业文化。如果可能，将你的SLA整合进你的IT服务台以及IT变更控制系统，使它们合而为一。
这是因为，所有的服务台请求系统都应具有以应对突发事件和提供解决方案为目标的服务水平协议（SLA）。其中，一些请求单系统将转变为IT变更控制系统。在单一系统中，管理从票务系统向变更控制系统的转变，及保留SLA信息将变得更加轻松。因此，我使用了集成式微软解决方案。

● 发布或以其他方式传达服务水平协议（SLA）目标，在IT服务台请求系统中，将运行表现与目标进行比较，并将结果以月报形式公示。这样做不仅增加了客户获知信息的透明度，而且还提供了一种公开方式，帮助你发现自己的不足并及时加以改正和完善。

● 对市场上的一些云服务与支持系统进行研究。Salesforce.com提供一项非常酷的技术，名为"服务云"，该技术可与CRM软件相集成，与社交媒体和网站建立互连通道，并且可通过移动终端与客户召开视频会议。而服务台应用市场也正处于由本地数据中心向云端部署的转型阶段。

05 CIO 2.0：企业的IT导师

要赢得一个好声誉，就要竭尽全力去成为你期望成为的样子。

——苏格拉底（Socrates）[①]

①　Socrates, www.inspirational-quotes.info/growth.html （accessed December 27, 2012）.

通常，CIO是企业其他高管们学习IT事务的老师。比如在董事会、饮水机房、办公室讨论影响企业技术发展趋势的重大问题，而非仅仅在IT部门内部讨论。随着云计算、社交媒体和IT消费化的发展，商业专业人士不再只是将IT视为一种新服务，也不再只是简单地发布一项新的社交媒体或是将个人设备连接到机构系统上（通常是电子邮箱和短信）这么简单了。

因此，在众多技术趋势改变全球版图的今天，人们对实施的复杂性和舒适性有很多种不同的诠释。CIO必须走在前沿，与相关的专业人士（从商业、办公室的专业人士到首席执行官再到董事会）进行有意义的对话。这样，决策者才能精准把握出现的新服务所带来的机会、风险、整合诉求、支持成本以及安全隐患。

当然，CIO也是首席执行官们的老师。到了2020年，IT预算减半，就需要让执行官认识到IT的重要性。我们必须成为对技术战略、财政开销和技术支持更为有力的影响者。本章将对此提出一些建议。

5.1　期望与战略定位

今天的CIO们在对角色、职责以及实际所做工作方面的期望是不尽相同的。在本书第一版中，我曾对此问题做过研究，然而我们发现，这些几年前就存在的差异至今仍然存在。我的三个人事主管曾这样描述他们对CEO、COO和CIO之间彼此最常见的看法：

CEO通常希望CIO具有长远的战略眼光，但是他们往往只强调和重视对CIO战术主动性的需求。很多CIO甚至认为他们被雇佣来不是为了提升企业战略能力的。

——贝弗利·利伯曼（Beverly Lieberman），Halbrecht Lieberman Associates

我发现，最常见的期望差异主要表现为如下两点：（1）对方花多长时间和多少成本来实施那些有助于建立竞争优势的新系统。（2）对技术导向型项目进行优化的方面缺乏共识。

——埃里克·J.西格森（Eric J. Sigurdson），罗盛公司（Russell Reynolds Associates）

CEO可能期望CIO能够带领企业平稳度过商业模式变化的动荡期。但是，如果CIO对这种期望不清晰，而且如果不是从企业最高管理层下达指示，那么让CIO推动企业商业流程变革是极度困难的。虽然大多数的CEO确信他们的初衷是想雇佣一个具有战略眼光且能帮助企业增加收入的CIO。但实际情况是，那些CIO一旦被招聘进来，却只能做一名"消防队员"，将所有时间花在IT灾难救援上，并不会真正参与到战略性工作中来。

——玛莎·海勒（Martha Heller），Heller Search Associates

当我同其他企业和部门的CIO及IT管理者们讨论时，我经常会问他们同一个问题："你是否在一个战略性的IT环境中工作？"大多数的回答是否定的。尽管几乎所有的CIO都渴望参与战略性的工作，但他们往往只是在做运营和战术层面的工作。我自己的职业生涯就是如此。

5.2　培训与协同关系

　　培训高管是在完成培训任务的同时，与他们建立良好关系、增强信任的好机会。根据我自己的研究以及与其他全球各地的CIO的互动，我坚信，消除CEO和CIO之间的分歧，并将工作重心从运营转移到战略上来，离不开良好的沟通和完善的培训。具体基于以下几点：

　　● 对企业高管（特别是CEO）进行长期的培训。

　　● 由于CIO与其他企业高管之间的良好关系会由从运营战术型向战略型的转变中起到非常重要的作用，因此一定要花时间维护好这些关系。

　　● 相互信任与尊重是建立正式关系的基础。

　　● 尊重是建立在对企业内外部情况、领导力和成就等方面的全面了解的基础上的。你必须学会推销自己以及团队的成绩。对内，要向其他部门宣传你的想法和已获得的成绩。对外，你则要扮演企业顾问的角色，与他人分享你的经历经验、最佳实践以及在企业以外所学到的知识和经验教训。

　　● 培训是一门艺术，这也是为什么很多人总是做不好的原因。我们说，做一个

讲座并不能称为培训。相反，培训其实是一种影响，是一种以友善的态度分享知识的形式。CIO要明白，CEO是这个世界上最自我的专业人士。如果你为解决某个商业问题，就到底需要使用技术A还是B而擅自给出建议或举行某个讲座，那么CEO将会非常不乐意。我在职业生涯里曾遇到过许多优秀的教授，从他们身上学到了去理解一个人那样做的原因或提出某种解决方案的原因远比上几堂课重要得多。因此，如何对高管进行培训确实是一个微妙的命题。尤其是很多CEO在其他人面前，很可能无法心平气和地接受他们的下属比他们自己更聪明。因为他们认为太聪明的下属可能对自己产生威胁，因此，企业的CIO和其他高管们要学会把握平衡和说话语气才是关键。

● 如果你能够影响到高管们，那么高管就会影响到CEO。因此聪明的人不会试图去教CEO本人什么，而是会花更多的时间去培训企业其他高管，告诉他们你的想法以及某个特定的技术是如何解决商业问题的。之后，这些高管们会替你做最难的那项工作，即向企业CEO建议并说服其支持你的观点。有句话说得好，多数人一块儿帮你建议总比自己孤军奋战要强。

然而，有些权威人士则评论说，由于新的颠覆性技术的出现（如云计算、移动互联网和社交媒体），CIO这个角色已经走到尽头了。他们认为，业务部门不再需要IT的帮助也一样能够提供和使用技术。福雷斯特的研究则持相反观点，认为"这些变化反而为CIO提供了一个难得的机会——去建立并引领他们的技术部门，并让企业开启授权商业技术的新局面"。[①]

授权商业技术（EBT）是"一种技术渠道，通过这种渠道使技术创新嵌入到商

---

① Khalid Kark, Bobby Cameron, Marc Cecere, Nigel Fenwick, Chip Gliedman, and Craig Symons, "The Empowered BT CIO," Forrester Research, July 18, 2011.

业中去，而IT则刚好用来提供相应的协调和监管，为企业的目标保驾护航"。[1]想一想有多少商业正在通过云市场工具来推动社交媒体的发展啊！而所有这些都没有受到企业IT预算的监管和资助。

与以往相比，特别是在EBT的环境下，今天的商业领导者和CIO们更加有必要一起进行技术决策。以下是福雷斯特公司总结的经授权的CIO应当具备的五个特征：

（1）变为主动授权。授权员工和客户通过多种技术渠道（包括移动和社交媒体）去解决问题。

（2）提升作为动态服务供应商的声誉。CIO正在转变成为一个能够"精心策划技术服务的服务供应商"，包括在云端为商业提供服务。

（3）采纳联合组织模式。CIO仍将主动管理企业技术以及云端与企业解决方案的整合业务，而不是反过来让商业推动嵌入技术的发展。

（4）通过管理、外包和创新提供价值。

（5）同时肩负COO的重任，与业务部门共同制定解决方案，对企业基础设施和整合进行管理。[2]

对CEO和企业其他高管的培训可通过非正式会议、管理委员会会议的正式讨论、与供应商（提供主要战略性IT和具有商业主动权的候选供应商）的战略会议以及通过与业务部门管理者和CEO一对一的交流等方式来实现。在这种团队会议上，如果氛围允许，我们可以使用计分卡来评定关键举措、项目和政策建议。

---

① Ibid.
② Ibid.

5.3　培训与高水平团队

想要打造一个高水平的IT团队，就需要在商业政策和流程方面对团队成员进行正式和非正式的培训。今天，蓬勃发展的云计算对技术CIO提出了更高的要求，他们必须通过目的性更强的专门途径对从事技术和商业领域的员工进行培训。今后，我们要逐步脱离对供应商提供培训的依赖，同时必须与我们的商业合作伙伴紧密合作，共同制定、实施培训战略，同时对该战略实施的效果进行监测。鉴于此，本节将就如何组建高水平IT团队向大家提供一些有益的建议。

正式的教育计划及学位

正式的学院教育计划可以增加传统IT培训及资历认证的含金量，特别是学院教育可以长期向学员传授综合知识。本书第六章将就人事主管对今天的CIO所应当具备的学历背景进行讨论。

在这里我建议那些CIO的候选人或者那些有志将来成为CIO的同行们，请在申请

CIO职位之前确保在获得本科学历的基础上再多增加一个更高的学历。而对于那些现任的CIO来说，他们在所谓的高学历趋势流行起来之前就已经积累了相当丰富的经验，他们凭借辛劳的工作、出色的IT业绩和宝贵的工作经验证明了自己完全能胜任CIO这个角色，因此对他们来说学历本身并不再是十分紧要的事情了。

对于那些打算接受更高学历教育，或是想继续硕博深造的在职CIO们来说，由于对CIO工作的严苛限制，这样做可能会影响到他们的IT管理工作，因此必须处理好职业平衡的问题。我所认识的打算这样做的CIO们，无一例外地都会将大学教授作为他们的下一个职业。除此之外，接受其他形式的教育和培训也是不错的选择。

IT培训课程：目的明确的指导课程

我个人赞同而且极力主张CIO们接受正规的IT培训课程，尤其是接受那些专业的指导课程，这将使他们在现有或将来的应用技术和项目中受益匪浅。这是最普遍的IT培训形式，对那些尚未完全发挥CIO角色的人来说最合适不过了。其中，适合所有IT专业人士学习的课程包括项目管理、安全防范和方法论等课程（如，ITIL、COBIT）。

CIO及其下属需要积极主动地为其员工制定有针对性的培训计划，培训要与企业的技术、目标和项目联系起来。如果一切顺利的话，正式的IT培训课程一般需要两天到一个星期的时间。经典的IT培训课程包括网络、商业情报、云基础整合、社交媒体市场推广、软件开发、存储空间网络（SAN）管理、虚拟化技术、统计分析和建模等课程。

资格认证：重要吗？

一些IT人士认为，获取资格认证是参加IT培训和接受IT教育的唯一目的。虽然我不能完全认同，但我仍然认为拥有资格认证对IT人士来说还是有价值的。换句话说，学习一门技术并尽快应用到项目上才能体现出IT培训的真正价值。而单纯为通过资格考试以获取认证则是第二位的事情。我承认，在我职业生涯的早期，也曾极力追逐资格认证。而且我在做助教的时候，所接触的资格认证课程多为教授如何应试的内容，而不是教你如何学习技术并应用于实践。

尽管如此，确实存在这么几种IT角色需要具备资格认证。例如，网络工程师、系统管理员、软件开发人员、SAN管理员、安全专家（包括CISO）以及虚拟服务器和VDI工程师。这些角色通常是保持IT系统正常运行的核心人员，但他们并不需要成为CIO这样的角色。所以说，这些资格认证对于那些职位低于CIO的人来说是很有帮助的。只有这样，CIO才能更专注于战略、安全、管理、方法论、政策、商业学习、商业关系、合同及供应商管理与谈判、风险管理、兼容度以及领导力等方面的问题。通常只有那些非常知名且专业的机构和大学才提供这样的课程和资格认证。

导师指导

我在本书第一版中曾专门对导师指导进行过讨论。导师是非常特殊的人群，他们有深刻的见解、丰富的经历以及良好的人际关系，他们聪明、富于活力，乐于慷慨地付出时间并且给予建议。真正的良师是不容易遇到的。幸运的是，我在职业生涯中确实遇到了一些中高级水准的专业人士做我的导师，他们对我的技术和商业方面技能的培养给予了很大帮助。

　　在二十多岁的时候，我遇到了职业生涯中的第一位导师。那时她是一个顾问经理，有很强的客户管理、项目管理及沟通能力。也许是因为我总是精力充沛且积极乐观地解决客户问题，她对我十分满意，于是她决定做我的导师。当时她对我在客户管理和沟通技能方面有诸多指导，让我的职业水平有了大幅提高。

　　即使在那个时候，甚至是今天，对领导岗位或与客户（潜在客户）直接交流的岗位而言，仅有技术或商业头脑是不够的。沟通技能、修改润色、报告风格以及其他软技能与今天IT市场上的"硬性"技术技能一样重要。我多次与我的导师一起做汇报练习直到她满意为止，她对我进行指导和建议时的场景至今让我记忆犹新，她说，"要展示出你所知道的全部，为你的听众提供最好的剧本。"

　　我的第二位和第三位导师是以前工作过的企业的前执行官兼企业顾问。这两位导师均是业内知识渊博且极具影响力的专家。在我与他们建立了密切的工作关系后，我们之间的交流（从技能发展到商业知识甚至到个人问题）变得更加开放和坦诚。自从与他们建立了良好的关系后，他们专业的工作状态和敬业精神为我树立了榜样。

　　除此之外，我从其他企业高管以及充满智慧的企业领导者身上还学会了应当做什么，而更可贵的是还学到了不应当做什么。而正是因为我们已经建立了信任关系，当我想要澄清什么事情时，我就会毫无顾忌地直接提出。我们双方都非常享受这种自由而坦诚的交流方式。

　　总体上说，我认为人类的学习方式不出以下三种类型：（1）为眼前的任务做

准备和做研究，通过前后得当的途径花时间做项目或产品，并期待"开花结果"；
（2）从其他人所犯的错误中汲取经验和教训；（3）在自己犯错后汲取教训。与自己
犯错相比，我更倾向于前两种方式。找到一个能直接或间接对你产生影响并提供建
议的专业导师，与其他的职业发展方式是同等重要的，只有将这些方式综合到一块
才能形成更有效的完整方法。

那么，怎样才能找到一位好导师呢？如果你刚开始打算寻找一位导师，那么你
可以向那些影响力高、声誉好、知识渊博且对你感兴趣的人寻求帮助，这些人应当
是可以与你建立长期关系的人。有些人真的很幸运，他们会在第一时间得到导师的
帮助。而有些人则不得不想尽各种办法求得他们的认同，说服导师接受自己，并且
让他们认为未来对双方都是有利的。无论职位还是经验，我的所有导师都比我的级
别高。我觉得这很重要，因为导师的确应当具备学生们所不具有的更专业的技能和
更丰富的经验。以下方法或许可以指导你找到一位好导师：

● 与你企业内部或外部的那些高级别的专业人士进行网络交流。记住，坦诚相
待是遇到良师的关键。

● 在你找到那位令人尊敬且学识渊博的导师时，请求他对你进行指导。

● 在学术环境中更容易寻找到好导师，特别是来自学院和大学的导师可以为学
生提供高水平的学习途径和帮助。

● 求助那些可提供指导服务的企业和项目（有些收费，有些免费）。

● 在企业的管理培训项目中选择并申请那些能够增进你与企业高管互动的项
目。有些企业专门设置为年轻管理者或"明日之星"而开设的很好的项目。例如，
我在某个财富200强的金融服务企业任职期间，曾参加了一个非常棒的为期20个月的
高管培训项目，而我从中所学到的知识、汲取的经验以及所认识的高级管理者们在

未来都是一笔无形的巨大财富。

*Inc.*杂志上的一篇文章认为，我们通常为选择一位好导师而需要花费大量的时间去做研究。波士顿大学管理学院的行为学副教授、《工作指导》杂志作者凯西·克莱姆（Kathy Kram）认为，"人们真的应当考虑多找几个导师而不是只找一个"。她还建议，"并不是所有导师都必须是高职位的企业高管，而同事也可能是很好的导师"。[①]

*Inc.*杂志上的另一篇文章指出，要寻找良师必须做到：

● 了解你自己。想想你现在处在什么位置，将来想要到达什么位置。

● 要积极主动。在被导师问问题之前先做好计划，最好主动先提出一些问题。而且，为避免向你未来的导师提出所谓的愚蠢问题，你最好要先认真的做做研究。聪明的导师（以及导师候选人）不喜欢被问愚蠢的问题，相反他们更愿意对那些能够提出恰当问题并渴望获得答案的人作出响应，因为这种恰当的问题往往逻辑完整且动机正确。

● 由朋友和同事推荐。

● 对你未来导师可能的样子要抱有开放的心态。一个导师不见得非得是业内的重量级人物或是叱咤职场的风云人物，只要他或她知识渊博并乐意帮助他人（尤其是那些在你渴望提高的领域内擅长且乐意分享给你的导师们）就行。

● 选择不同导师。记住，永远不要将所有鸡蛋都放到一个篮子里，你的导师可能来自商业或非商业的不同领域。

● 要清楚你想在师徒关系中学到什么。

---

① Karen Dillon, "Finding the Right Mentor for You," *Inc.*, October 22, 2000, www.inc.com/articles/2000/10/14859.html （accessed October 1, 2012）.

● 不要忘记那些过去曾是你导师的人。生活中处处都有你的导师，不管我们有没有觉察到。回想一下你过去的经历，去其糟粕，取其精华，将那些在过去行得通的有价值的经验应用到未来中去。[①]

令人感到非常欣慰的是，我在职业生涯里见过的所有导师（我的和别人的），通常也都有各自的一个或几个导师，并且都很渴望能回报下一代。我当然也继承了这种"回报下一代"的美德，目前正指导着两个学生。而且我强烈建议在任的CIO和其他企业高管们在自愿的前提下尝试这样做。

"非正式"学习与合作

我是"非正式"学习的忠实粉丝。特别是在今天的社交媒体环境中，员工们可通过"非正式"的方式进行自主学习，而不怎么需要他人的指导。一个企业内部的社交媒体、知识管理及合作工具可以给予个人将知识点连线的能力和迅速获取信息的能力，更好地促进"非正式"的学习。福雷斯特公司定义了"非正式"学习战略的九个步骤（见图5.1）。[②]

在过去的五年里，我和我的团队通过Microsoft SharePoint、Salesforce.com、Chatter、客户知识管理解决方案以及非正式午餐分享会等形式进行非正式学习，同时将所学到的知识和经验教训进行分享。我还发现，鼓励员工自己开展学习活动、互相教学，有助于提高他们的交流沟通技巧，对双方都有利。

[①] Jamie Walters, "Seven Tips for Finding a Great Mentor," *Inc.*, April 2, 2001, www.inc.com/articles/2001/04/22407.html（accessed October 1, 2012）.

[②] Claire Schooley, "Informal Learning Garners Acceptance as a Legitimate Learning Approach," *Forrester Research*, July 14, 2011.

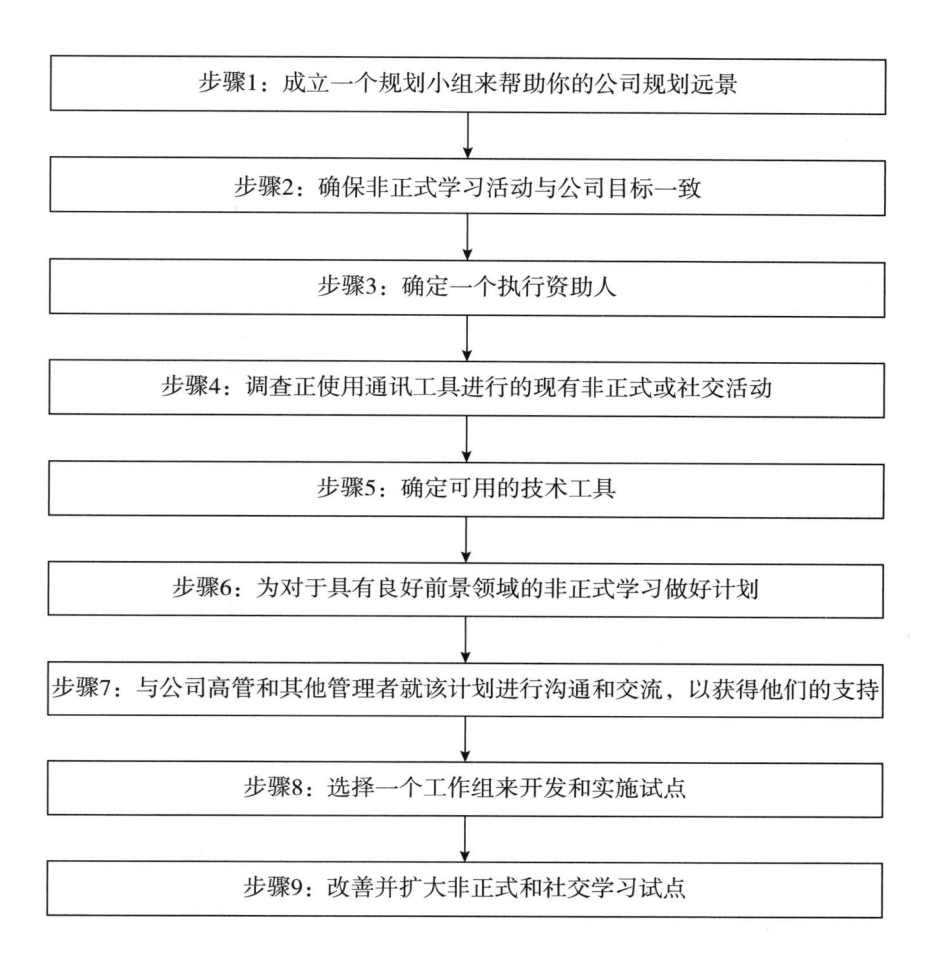

图5.1 非正式学习策略的关键步骤

资料来源：福雷斯特公司

　我就如何对企业高管和员工提供教育和培训询问了企业高管和CIO专家组，以下CIO调查是他们给出的答案。

CIO调查

你是否相信今天的CIO是企业其他高管的老师？

● 是的。我认为企业其他高管能够从一个知识渊博的CIO那里学到很多东西。

大家在企业分别从事着各个不同领域的工作，与企业其他高管相比，我们没有所谓的领域感和特权优越感，因此有时候我们比各部门的管理者们更清楚业务部门之间的相互依存关系。

——凯罗尔·F.诺斯（Carol F. Knouse），EduTuit Corporation高级副总裁兼COO

● 是的，只要他们愿意倾听我们的见解。在特定的事情上，企业CEO通常在与其他人讨论咨询之前就已经有了主意。我想，这是很多在此高位的管理者的特点吧。

——戴尔·波罗科夫（Dale Polekoff），Jacob Stern & Sons Inc. CIO

● 是的。对企业高管进行长期培训是提高其技术、管理技能的非常重要的机会。信誉主要是建立在良好的关系和对成果的展示上（例如SLA和项目）。

——乔尔·施瓦尔贝（Joel Schwalbe），CNL Financial Group CIO

● 是的，这是绝对的。CIO及其团队是项目管理、程序重启、呼叫中心与帮助平台、商业分析以及技术支持的主要负责人。这一角色的关键是为他人提供最好的实践资源，并在整个企业里传授和分享这些知识。

——大卫·斯沃茨（David Swartz），美利坚大学CIO

为达到既定目标，你是如何对其他高管进行技术变革和战略方面的必要培训的？

● 首先，确保你全面了解企业的商业情况，然后解释这些新兴的技术或战略是如何帮助他们实现创新的，以及如何帮助他们成功进入新市场或开发新产品的，并且如何通过提高生产力来改善企业现有的运营状况。

● CIO在管理层所展现出的有效性与商业的成功与否直接挂钩。我们不得不承认，即使是那些表面上看起来与技术没什么关系的商业问题，实际上也必须依赖技术生存。一个企业总裁曾经这样告诉我，"尽管技术可以仅被看作一个工具，但是它确实是我们商业成功的关键"。

——厄尔·曼苏（Earl Monsour），马里科帕社区学院地区战略信息技术部主管

● 我通常采用非正式的方式向我的同事介绍新技术。此外，我还需要与其他同事在企业（总部）开例会，与地区运营一起出差，并且参与到部门的运作当中。对于更多涉及重要战略决策的情况，如果某些问题被视为是与我的专业领域相关的决策，那么同事们都会尊重并听从我的判断，例如对核心应用程序和基础设施投资方面的决策。更重要的是，我在他们的职责范围里开展工作时，一定要找到共同点，找到能够实现双赢的契合点，并得到他们对这些重要变革的认同。同时我要强调的一点是，他们（企业其他高管）往往将某一专业领域的具有挑战性的技术难点抛给我和我的团队，让我们进行技术创新。

——约书亚·R.杰威特（Joshua R. Jewett），Family Dollar Inc.高级副总裁兼CIO

● 提供能够满足所有要求的解决方案，并根据所增加的价值、效能及解决方案的可持续性，来不断提升IT性能。我们说，虽然在某一实际问题出现之前就对商业需求进行预测是有风险的，但是，如果能做到任何事情都能赶在商业领导者的前面想到，并随时可以拿出一个可行的解决方案来，那么就能够创造更加互信的合作伙伴关系。这样做还能将IT置于一个有利的地位，防止被动迎合商业需求而出现手足无措的情况。

● 有效性体现在我们不再分别对待"商业"和"IT"。既然没有人能把企业

其他功能从商业里分出来，那么又为什么非要将IT与程序、法务、金融、销售、配置、运营等分开对待呢？

——皮特·克莱森（Peter Classon），LiquidHub Inc.合伙人

基于这一点，我将开展三方面的工作：

● 在执行董事会上，我会就关于某一个特殊技术的话题展开讨论，并且我相信这个技术对企业来说是有益的。

● 每个月我都会与企业每一个主要高管会面。作为会面谈话内容的一部分，我会询问他或她面临的具体问题和挑战，然后分析我能如何利用应用程序来帮助其解决商业问题或是实现业务增长。

● 在科技博览会上，我通常会带来某一第三方，让他展示最新的技术（如，移动应用程序），这样，所有员工至少都能对该技术是如何改进他们的工作这方面有一个初步的了解。

——凯罗尔·F.诺斯（Carol F. Knouse），EduTuit Corporation高级副总裁兼COO

在对你的下属进行IT领导力和技术方面的培训时所使用的最佳方案是什么？

● 交叉培训。

● 让他们拥有在其他领域工作的能力。不要让他们只满足于自己的技能领域要求。同企业每一个员工一起制定出一个年度计划，了解他们感兴趣的领域，然后鼓励他们在那个领域工作。

——桑杰·哈提纳尼（Sanjay Khatnani），J2 Solutions总裁

● 以身作则的领导力。

● 工作机遇。

● 商业合作伙伴汇报及培训。

● 第三方教育项目。

——约书亚·R.杰威特（Joshua R. Jewett），Family Dollar Inc.高级副总裁兼CIO

● 制定一个简单的符合商业目标的IT战略，并使IT团队融入到客户当中（对他们而言，这样的战略才更显真实）。同时建议IT团队与企业其他高管多进行交流，特别是在如何增加企业收益方面。

● 为所有IT员工制定个人发展计划，该计划包括SDLC、项目管理、入职培训、流程常识以及IT安全问题，甚至是为每个具体的IT角色进行的特定培训。例如：一个DBA应当提供对现有产品的培训、相关工具的培训、性能调整的培训、安全问题培训以及其他相关培训。而年度预算经费可根据不同职位而定，并根据员工的变化随时进行调整。

——埃德·安德森（Ed Anderson），世界宣明会（World Vision International）全球CIO

● 就IT员工的技术培训而言，进行在岗培训是最有效果的。不管我们实施新技术的具体时间怎样，如果可能的话，我们最好在实施该技术前对主要的IT员工进行正式培训。理想情况下，应当为员工提供在测试环境下先使用该技术的机会。而且我们还可以雇佣一些项目承包商，他们具有专业知识和实战经验。然而，在多数情况下，内部IT人员按照企业顾问的指导即可完成实际的键盘操作工作，并且要求参与项目的IT人员将技术记录一并归档。记录归档过程同时也是加深他们所学知识的过程。

——安妮·托普（Anne Topp），世界自然基金会CIO

5.4　功课

在过去的五年里，我一直是下属及其他高管的老师，并且一直致力于做好他们的老师，无论是正式的还是非正式的。我对同事或上级施加影响绝对是一个微妙的命题，因为我不想也不能显得过于傲慢或高人一等。我认为，一个好的CIO不仅是一位老师，更是一个影响者，他们通过谈话、举例、信息分享、供应商简介以及与员工、同事和战略管理人员的定期会议，对相关人员施以影响，促进学习。

以下列举了我在过去十年内向CEO、其他企业高管以及我自己的团队所提供的所有IT培训：

● 给每一个IT子部门开发高级培训计划，并与下属密切配合，使他们也能对其员工进行必要的培训。经费预算包括为每人提供至少一次的IT培训费，以及为主要员工提供以研究或以项目为导向的会议费。

● 在所有的IT员工会议以及科技博览会上介绍新的技术，向大家告知什么样的技术正在使用以及什么样的特定举措正受到关注。

● 我通常喜欢通过面谈或电子邮件的方式与企业CEO进行交流，向其介绍某个能够使企业获益的潜在技术战略或工具。但问题的关键是，要使用商业语言，即用企业业务主管们能听懂的商业语言进行交流，而非技术语言。我经常引用第三方的独立研究成果来支持我想要表明的观点，因为这样的实践可以更加有力地佐证我的观点。

● 我一直在推进有关商业变革以及云端、移动和社交工具的整合工作，虽然这些内容在商业里并不是非要IT介入。CIO应当不断地加强学习，需要随时更新有关技术、商业和战略变更以及外部干扰因素方面的信息，因为这些信息极有可能对社会和商业产生巨大影响。今天影响商业以及从商业中分化IT的趋势和变化尚不成熟，仍处在商业和市场化的分裂阶段，因此推进商业变革还需要时间。

● 我喜欢发布IT战略计划并分享给我的团队。但是，出于对不同文化的考虑，以及出于遵守保密原则和已发布的战略自身漏洞、潜在威胁以及SWOT的分析，想要向IT和其他企业高管分享最终的文件或战略计划可能会受到限制。如若可能，最好将这些计划完整透明地发布给所有员工。

● 坚持学习商业、技术和变化驱动力方面的内容。我喜欢通过加强IT咨询研究，利用美元投资，对那些引领市场、部门和技术的供应商进行细致观察，从而实现对最新趋势的把握。

5.5 攻略

作为一名在读博士生、一个接受终身教育的IT专业人士，以及一个重视分享而非隐藏知识的人，我特别向大家提出几点建议并希望能对读者有所助益，以回馈这些年来大家对我的帮助。在本章里我的建议如下：

- 如果你是CIO或即将成为CIO，请尽量成为其他无经验的IT人员的良师。回馈是一个领导者应有的气度，是一个有抱负的CIO晋升的基础。

- 如果你现在是一名预备主管，那么请给你自己找一位好导师吧。当你拥有一位良师时，你会发现那些不曾为你打开的大门都会向你打开。CIO就是领导力、表现力、结果和关系的有机结合。

- 了解企业的高管和低级别管理者之间对同一预期的差别，找到一种方法来缩小他们之间的差距。良好的沟通和人脉关系或将成为你晋升的关键。

- 无论我们喜欢还是不喜欢，非集中化的IT投资已经发生，因此CIO需要及时调整商业化模式。在刚参加过的在洛杉矶举办的Salesforce.com"追梦"活动上，我听到某个执行官这样预测，"到这个十年末，商业中的IT支出将超过IT部门里的IT

支出。"如果该预言成真，鉴于当今商业尚能够在无IT部门支持的情况下实现IT服务和系统运行，那么CIO需要对IT与商业策略进行整合以满足未来的需求。

● 通过集学术、IT、专业认证以及商业等内容为一体的有针对性地培训，打造一支高效率的IT和商业团队。培训计划应当是一个可实施的、已升级的IT战略计划的副产品，并且能够实现对以制度优先排列为准则的人力资本和为达成目标而升级的工具及技术之间的结合。

● 积极参与供应商的展示和讨论，了解那些基于移动、云端和社交媒体开发的新技术。

● 积极参加IT会议，学习其他企业是如何应对那些你无法克服的挑战的。同行间跨企业和跨部门的讨论是学习和交流的好方式。如果你有机会在某个活动上发言，那么请不要浪费这个机会。我的目标是每年至少一次在具有代表性的不同技术和商业环境的公开展示会或讨论会上发言。

● 学习如何做一个让人印象深刻的交流者。了解你的听众是非常重要的。IT专业人士需要学习如何在平级和上下级同事面前使用他们的语言，并基于他们的关注点进行轻松而愉快的交流。对那些不善于与企业高管（包括最高级别的董事会官员）进行沟通的人，我们有一些专门为他们量身定制的培训课程和项目，帮助他们提高在他人面前就有关商业和技术战略的话题而展开讨论的能力。我相信，沟通能力对今天的CIO而言是最重要的技能之一。除IT专业技能和商业头脑以外，沟通能力在培养与高管间的人际关系方面是至关重要的。如果你对自己的沟通交流能力感到不自信和不满意，就来参加我们这个课程吧，该课程会提供录像教学。因为大多数的专业人士都完全不了解他们发言时或与人交流时是什么样子，所以通过实时录像的方式可以使接受培训的专业人士能够发现自身的问题并给予反馈。

第二部分

CIO 2.0

06 人力资源关注的要点：
经验还是领导力

领导力是一门艺术，能让人出于自愿去做那些想完成的事。

——德怀特·D.艾森豪威尔（Dwight D. Eisenhower）[1]

① Dwight D. Eisenhower, Inspirational Quotes, www.inspirational-quotes.info/leadership.html（accessed July 18, 2012）.

我认为，在本版书中提供一些来自美国顶级招聘专家的专业知识和建议，与前一版一样重要。我选择了地区级的、国家级的以及国际的企业和个人，能让读者看到不同的人事主管的招聘见解，帮助他们寻求第一个CIO的职位或是更多的CIO机会。

6.1　上位之道

找到一个对你职业生涯有帮助的招聘主管并不容易，而且会花费大量时间。这是一个与了解你技能、成就和能力的人建立关系的过程，而且在对的时间，他会将你推荐到顶级的IT职位上去。这样的人际关系可能要花好多年来建立。在我的职业生涯中，我是通过以下的方式遇到我的大部分伯乐的：

（1）通过参加IT会议和其他活动；

（2）通过做演讲；

（3）通过发表文章或出版书籍；

（4）良师的引荐；

不管什么方式，招聘主管都应当是扩展人际关系网络的助手，尤其是当你的职业生涯在逐渐进步的过程中时。事实上，我的人际网络在26年前我开始IT生涯之后就缩小了。这是因为，通过升职或换工作，我的职位坐得越高，我的人际网络的范围和规模就变化得越多。早先，员工、领导和供应商是我最主要的商业联系网。我

的职位越高，我对员工和领导的依赖就越少，而对IT领域以外的商业专业人士、良师和招聘主管的依赖就越多，因为他们对我管理和发展自己的职业生涯更有帮助。

图6.1强调我的人际网络的关键因素，以及特定人群的重要性，比如重要职位的人群，就像我成为CIO后也被其他CIO角色选择。良师、供应商（有限的而且很可能是大企业）、商业专业人士以及招聘主管们对我的职业生涯都起着至关重要的作用，尤其是在成长和机遇方面。

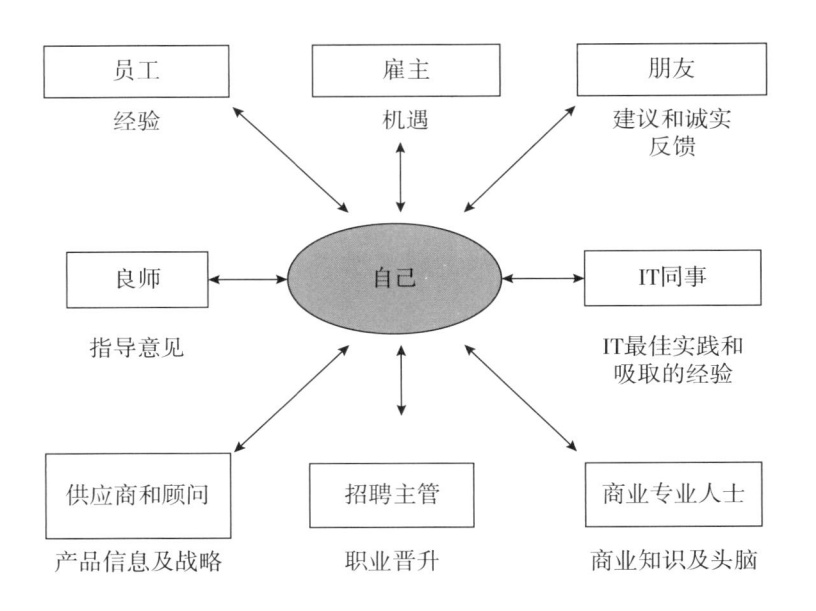

图6.1 有效的人际关系网络

在企业里职位晋升与跳槽到另一个企业的技巧不同。《CNN金钱》（*CNN Money*）上有一篇文章说到"工作中新的流通货币是有影响力的"，是引人注目和增加曝光率的关键。作者伊莱恩·普鲁菲尔德（Elaine Profeldt）提出了四种引起注意而得到提升的简单方法：

（1）将上级管理的优先变成你自己的优先。

（2）走在流行趋势之前。

（3）做小的演讲。

（4）为重要的委员会做志愿者。[1]

招聘主管提供的最低职位或角色是经理，但是更高级的职位是主管或是副总裁。我要强调"招聘主管"中的"主管"两个字，因为传统的猎头和招聘主管有本质的不同。招聘主管是针对执行官职位进行招聘，可以进入首席级别领导层职位的都是极具能力的专业人士，由于猎头的客户级别很高，使他们也处于报偿级别的顶端。对一个好的招聘主管而言，找到一个靠谱的CIO候选人，能拿到的报酬在5万～8万美元。对一些特殊部门，比如金融部门，报酬更高，每找到一个候选人可得超过10万美元的报酬。

如LinkedIn一样的专业人士网站也可以助你得到雇主或是招聘主管的注意，尤其是你处于适当的职位级别：主管、副总裁或是更高的级别。《华盛顿邮报》报道，LinkedIn在超过200个国家里拥有至少1.5亿的用户。更有甚者，LinkedIn报告说，"其雇佣解决方案已被82个'财富500强'企业使用"，而且指出所有来自财富500强企业的执行官们都在社交网站上有账户和简历。[2]

社交网络并不总是像鲜花美酒般那么美好。在详细说明专业社交网站好处的同时，其也存在一些短处。首先，销售代表和财政执行官使用这些网站挖掘新的渠道，

---

[1]　Elaine Pofeldt, "Get Noticed and Promoted," CNNMoney, July 16, 2012, money.cnn.com/2012/07/16/pf/job-promotion.moneymag/index.htm（accessed July 16,2012）.

[2]　Chad Brooks, "What Is LinkedIn?" *Business News Daily*, May 9, 2012, www.businessnewsdaily.com/2489-linkedin.html（accessed November 1, 2012）.

联系其他用户销售产品或是组织产品介绍会。很多年前，作为CIO，我在一个网站上注册，有超过90%的联系与销售相关。简而言之，这让我失去了兴趣，而且并没有切实帮我建立或改善我的关系网。

能与销售专业人士有直接的联系是我至今没有LinkedIn账户的原因。取而代之的，我选择了一个简明的网站，在上面详细介绍了我的职业生涯、专业领域、出版情况、获奖情况以及发言活动（过去的和未来的）。关系网就像是一瓶好酒或是年久的波旁威士忌：它随着年龄增长在范围上、规模上以及收益上不断改善。我发现，在职业生涯的早期，我的关系网在规模和范围上激增，因为我那时试图与更广泛的人群建立联系，而不太可能与那些首席级别的专业人士有接触。

只有自己才能知道自己的关系网是太小了还是太大了。不过这里给出一个建议：如果你的关系网花掉很多时间、妨碍你的工作效率，或者无法助你升职到理想的职位，那么你的关系网可能太大了，需要修剪。

6.2 引领和监督年轻一代

说到监督，现任CIO多是婴儿潮那一代的，需要采用不同的途径来监控年轻一代的IT执业者。普渡大学CIO，同时也为此书做了贡献的格里·麦卡特尼（Gerry McCartney）提出了"管理预期"理论，并"直接指出，如果他们做这些特定的事情，就一定会成功"。反馈对年轻一代专业人士很重要，麦卡特尼认为，"反馈的即时性是关键"。[1]CIO应该确定什么能激发团队、未来IT领导者和CIO候选人的积极性，并经常性地加强这个激励因素，使员工对取得的成绩有强烈的自豪感。

我已经做监督超过10年了，也经常给我的学生提供些职业看法和人际网络关系。对今天的CIO而言，这是很重要的角色，也是在历史上为了新一代而不断重复的角色。当我在财富100强的金融服务企业做主管时，我的良师就对我很有帮助，给我介绍猎头资源，这些资源后来帮助我在职业生涯里提升，最终做到了CIO的位置。因此，良师是关键——不管是对有志向做CIO的人还是对已经是CIO的人。我坚信，现任CIO有责任去指导那些有能力又努力的IT执业者，他们在未来的某天将取

---

[1] Gerry McCartney, Leading Gen Y," *CIO*, May 1, 2009, p. 54.

代我们坐上同样的位子。

本章里，我的人事团队为现任CIO和CIO候选人提供了一些为下一个职业挑战应做的准备。这些猎头在这里要正式介绍一下：

（1）玛莎·海勒（Martha Heller），Heller Search Associates总裁

（2）德里克·威尔金森（Derek Wilkinson），Boyden Global Executive Search总经理

（3）贝弗利·利伯曼（Beverly Lieberman），Halbrecht Lieberman Associates总裁

（4）凯思琳·格雷厄姆·香农（Kathryn Graham Shannon），海德思哲公司（Heidrick & Struggles）全球实践执行股东

人事调查

表6.1

当今具有竞争性的CIO所需的前十个技能是什么	
商业头脑	管理水平提升
建立关系的能力	团队领导力
战略性思考	全球领导力
技术头脑	项目管理
创新能力	满足外部客户的能力

——玛莎·海勒（Martha Heller），Heller Search Associates总裁

机敏	大视野
商业支持和客户服务的思路	从增长势头、灵活性、可行性、安全性和使用简易度对新技术进行评估的能力
幽默感	领导能力——对上下左右
战略和战术的平衡	管理能力——对上下左右
对权威说实话的意愿和技巧	做一个跟上时代、能亲自操作的技术人员

——德里克·威尔金森（Derek Wilkinson）, Boyden Global Executive Search
总经理

领导力	将IT与CEO任务保持一致的能力
建立强大的人际关系的能力	管理变化的能力
管理成本并在有限预算内工作的能力	创新能力
对IT广博而深刻的认识	对流行趋势的认识以及应对的规划
服务定位	对外包、SaaS等相关的知识

——贝弗利·利伯曼（Beverly Lieberman）, Halbrecht Lieberman Associates总裁

商业觉悟	建立强大关系的能力——内部和外部（例如与供应商）
沟通交流的能力	人力管理（成为一位良师和教练，能够吸引和挽留人才）
金融头脑	战略性思考
创新性	成为变革推动者的能力
技术头脑	项目管理

——凯思琳·格雷厄姆·香农（Kathryn Graham Shannon）, 海德思哲公司
（Heidrick & Struggles）全球实践执行股东

这些集合起来的回答与第一版书中的变化并不大。就我自身而言，我很高兴看到，我强烈建议CIO仍需要有很强大的技术知识体系，这一观点得到了每一位猎头的认同。

作为招聘程序的一部分，你会给第一次参加候选CIO的人一些什么建议？

● 确保你用商业语言描述你取得的成绩。不是这样说"我领导了一个单一全球SAP系统的实施"，而是要说"通过实行一个包含SAP的IT战略，我将生产效率调高了20个百分点，将成本降低了10个百分点。"

——玛莎·海勒（Martha Heller），Heller Search Associates总裁

● 搞清楚如何尽早打赢一场对全企业都有影响的胜仗，然后从中赢得尊重。并且，从第一天起就做一个有领导力和有团队精神的人。

——德里克·威尔金森（Derek Wilkinson），Boyden Global Executive Search总经理

● 确保他们问了能引出CIO需要什么的好问题。聆听每一个你遇到的人，并向他们学习。

——贝弗利·利伯曼（Beverly Lieberman），Halbrecht Lieberman Associates总裁

● 学习商业并在董事会赢得一个席位！给你的商业合作伙伴创造价值，动用你的金融觉悟。要照顾好你的手下，用独特的方式管理他们——一个方法并不是对所有人都适用。要像关注现在一样关注未来。

——凯思琳·格雷厄姆·香农（Kathryn Graham Shannon），海德思哲公司（Heidrick & Struggles）全球实践执行股东

CEO和COO对CIO的期待有什么普遍差距？实际上CIO能做到什么并带来什么？

● CEO希望CIO具有战略性和创新性，能促进增长。但是，CIO通常都从前任

那里接到一个混乱的基础设施、一个意志消沉的团队和一个抵抗IT投资的商业团体。这是CIO的矛盾所在："你被雇来是要具有战略性的，但是你却陷在这个泥潭里。"

——玛莎·海勒（Martha Heller），Heller Search Associates总裁

● 领导者想要全部的三个：快速的、便宜的、好的，大多数的CIO只能给出两个。任何不能处理这三个关系的CIO都不可能将位子坐得长久。

——德里克·威尔金森（Derek Wilkinson），Boyden Global Executive Search总经理

● CIO并不总是能够为实施新系统和时间表所面临的困难而做好准备。因此，"启动"的时间并不总是能让人满意。

——贝弗利·利伯曼（Beverly Lieberman），Halbrecht Lieberman Associates总裁

● 不是每个CEO或COO都期待相同的东西，但是比起过去，CEO和COO都更期待CIO能带来更多的价值——并不只是维持IT的基本运转。

——凯思琳·格雷厄姆·香农（Kathryn Graham Shannon），海德思哲公司（Heidrick & Struggles）全球实践执行股东

今天CIO需要有哪五个领域的经验？

● 领导一个重要的转变。

● 管理一个全球企业部门。

● 建立一个共享服务企业部门。

● 重组IT使其与商业目标一致。

● 开发一个战略，为企业商业领导者提供商业情报。

——玛莎·海勒（Martha Heller），Heller Search Associates总裁

● 做商业方面角色的经验（例如，只有在企业总部的经验被视为有局限性）。

● 拥有处理以前被视为不可克服的困难或问题的经验。

● 完全重做IT系统的经验（了解从头到尾的过程）。

● 财务或审计系统方面的经验。

● 然后从中学习失败，并华丽转身的经验。

——德里克·威尔金森（Derek Wilkinson），Boyden Global Executive Search 总经理

威尔金森的回答，让我想到我最近接受采访时被问到的相似问题。具体地说，在我做CIO时，被要求提供一个之前失败的例子，并具体说明我如何参与，及学到的经验教训，如果同样情况再次发生会有怎样不同的处理。这是一个无价的问题，值得好好思考。

● 外包。

● 了解集中的和分散的企业模式，以及如何在不同模式中创造价值。

● 了解企业的商业驱动力。

● 了解终极客户以及如何代表他的或她的利益而工作。

● 知道如何与非本地的核心员工一起工作——通常员工来自不同的国家，有不同的习俗和工作信条。

——贝弗利·利伯曼（Beverly Lieberman），Halbrecht Lieberman Associates总裁

今天，外包已经成为IT领导者具有的很有价值的技能。CIO必须知道如何通过由内而外的核心能力建立一个企业部门，并考虑将那些对IT团队而言非核心的业务外包出去。另外，我想到在普华永道做首席顾问的时候，利伯曼曾做过关于来自不同文化和不同地域的员工培训。这个培训是很有帮助的。普华永道给我们提供关于团队成员文化差异的培训，在差异中如何能更好地合作，即使在团队中存在完全不同的哲学和文化差异。我最后也变成了企业在该领域的导师，为大家传授实践经验、方法论、道德伦理以及文化多样性。这是我这辈子受到的最好的培训之一。

- 通过技术为企业提供有价值的创新。

- 开发一个IT战略。

- 提供有效率和有效的IT服务。

- 组建强大的IT领导力团队。

- 明确将IT达成的成果与商业目标联系起来。

——凯思琳·格雷厄姆·香农（Kathryn Graham Shannon），海德思哲公司（Heidrick & Struggles）全球实践执行股东

对第一次参加面试的CIO候选人而言，咨询顾问的经验有多重要，为什么？

- 很重要。做顾问的经验，尤其是如果是在CIO职业生涯的开端，能够在SDLC、项目管理和其他方面给候选人打下很好的基础，这些都是CIO成功的关键。顾问的经验通常能给CIO一个以客户为焦点的导向以及迅速抓住商业模式和概念的能力。但是，过多的顾问经验也会导致其在领导团队和开发项目上的无能。

——玛莎·海勒（Martha Heller），Heller Search Associates总裁

- 不是很重要。顾问的经验通常淡化了解决实际问题的经验，这基于一个很简

单的事实：顾问通常并不做长期的实施工作。

——德里克·威尔金森（Derek Wilkinson）, Boyden Global Executive Search 总经理

● 一般般。

——贝弗利·利伯曼（Beverly Lieberman）, Halbrecht Lieberman Associates总裁

● 一般般。顾问的经验确实宝贵，能给CIO一个学习解决问题、沟通以及管理程序或项目等基础技能的平台。那些有顾问经验的人想要脱颖而出，作为领导者则需要整体的思考。

——凯思琳·格雷厄姆·香农（Kathryn Graham Shannon）, 海德思哲公司（Heidrick & Struggles）全球实践执行股东

在我看来，这个问题的答案提供了非常有价值的见解。当我确信CIO需要有顾问经验时，我同意过多的经验会有杀伤力，在面试中，CIO需要强调之前的顾问经验带来的商业收益而非只是谈顾问经历本身。我强烈感觉到，那些没有顾问经验的人可能不会在管理顾问和外包供应商方面很有见识。从内部获得顾问经验是无价的。

有什么其他方法可以让第一次参加面试申请的CIO候选人脱颖而出？在其简历上就脱颖而出而非只是在面试过程中，这有多重要呢？

● 第一次参加的CIO候选人可以凭借做过一部分商业工作而非只是IT工作而脱颖而出，例如销售、运营或市场推广。将这些经验、经历呈现给主管层，与商业上的重要人物建立了良好的关系，以及已经在企业里而不是非要在IT做到领导职位，

都是与众不同的方式。

——玛莎·海勒（Martha Heller），Heller Search Associates总裁

● 在简历上，使用"商业合作伙伴"的语气而非"技术人员"的语气。你有大把的时间来展示你的技术头脑。在面试时，要问问题。展示你如何研究了解，如何想出短期、中期和长期的解决方案。不要只是让那些向你提出的问题来定义他们（面试官）对你的认识。

——德里克·威尔金森（Derek Wilkinson），Boyden Global Executive Search总经理

● 简历应该反映那些对顶级销售或降低成本和管理有突出贡献的成就。简历要很吸引CEO或CFO，而不只是一个CIO的工作介绍。必须要强调对商业领导者具有重要意义的主要成就。

——贝弗利·利伯曼（Beverly Lieberman），Halbrecht Lieberman Associates总裁

● 对第一次参加的CIO候选人而言，让自己脱颖而出很重要。一个让你在人群里抢眼的方法是专注于客户。这有助于将技术和商业目标挂起钩来，专注于创造价值。在他们的商业客户眼中，有太多的CIO在最后阶段（终极客户）目光短浅，而没有成功。

——凯思琳·格雷厄姆·香农（Kathryn Graham Shannon），海德思哲公司（Heidrick & Struggles）全球实践执行股东

CIO候选人最应该在面试过程中向猎头及潜在雇主突出强调的三个最重要的事情是什么？

- 团队领导力：将IT带入商业的能力。

- 执行能力：按时按预算完成多个项目的能力。

- 战略性思考：为商业提供解决方案的能力而非只是接受命令。

——玛莎·海勒（Martha Heller），Heller Search Associates总裁

- 机敏。

- 领导团队。

- 解决方案定位。

——德里克·威尔金森（Derek Wilkinson），Boyden Global Executive Search总经理

- 领导力的案例。

- 按承诺完成工作的能力。

- 创造价值的能力。

——贝弗利·利伯曼（Beverly Lieberman），Halbrecht Lieberman Associates总裁

- 给企业带来连续的发展和立竿见影的效果以及对整体商业战略愿景的显著成就（个人的和团队的）。

- 优势和劣势。

- 一个明确的领导力战略。

——凯思琳·格雷厄姆·香农（Kathryn Graham Shannon），海德思哲公司（Heidrick & Struggles）全球实例执行股东

金融财政管理技能对成为CIO有多重要，为什么？

● 很重要。IT绝对是企业最大的预算，而且IT投资也是企业增长至关重要的因素。CIO必须要了解IT投资决策的金融意义。

——玛莎·海勒（Martha Heller），Heller Search Associates总裁

● 很重要。IT可能是任何企业最大的一块成本，而能够展示财政职责和预算管理的才能不仅很好，而是很有必要。

——德里克·威尔金森（Derek Wilkinson），Boyden Global Executive Search总经理

● 不是很重要。CIO必须处理预算，并与供应商谈判协商，这只是个基本职责。他们需要了解IT提交价值的成本。

——贝弗利·利伯曼（Beverly Lieberman），Halbrecht Lieberman Associates总裁

● 重要。很重要。IT应该像一个商业那样来运行，而对任何商业领导者而言，有金融财政的管理技能实在太重要了。

——凯思琳·格雷厄姆·香农（Kathryn Graham Shannon），海德思哲公司（Heidrick & Struggles）全球实践执行股东

我所在的集团尤为重要。据几位招聘专家所言，IT通常在企业预算中占相当大的比重——运营和资本。如果没有良好的财务技能，CIO很可能仅限于向给首席财务官汇报工作。CIO必须知道他们的投资效应，包括利用采购来降低价格，将解决方案外包给云供应商，以及运营资本支出。

对今天的CIO而言，什么是最好的学历背景，为什么？

● 最好的组合是有一个计算机科学的本科学历和一个商业管理的硕士学位（MBA）。编程的能力并不是CIO必须的，但技术头脑和眼光却是必须的。在计算机科学领域具备坚实的基础，可以赋予CIO了解系统开发和结构的能力，以及做出正确的IT投资决策的能力。MBA能给予CIO很多其他重要的技能，比如，商业头脑和眼光。一个超大企业的CIO，可能不会像小企业那样需要他的技术背景。

——玛莎·海勒（Martha Heller），Heller Search Associates总裁

● 我并不认为什么学科背景真的很重要，但是有一个非IT的教育背景可以体现一个人的全面性。

——德里克·威尔金森（Derek Wilkinson），Boyden Global Executive Search总经理

● 要有个MBA来为这个职位的商业部分做准备。

——贝弗利·利伯曼（Beverly Lieberman），Halbrecht Lieberman Associates总裁

● 计算机科学，所有类型的工程学，或者数学的本科学历，再加一个MBA。

——凯思琳·格雷厄姆·香农（Kathryn Graham Shannon），海德思哲公司（Heidrick & Struggles）全球实践执行股东

其实我对这个问题极为推崇。我相信，一个好的候选人应该有技术本科学历的背景（计算机科学、数学或是软件工程），然后再加上一个MBA。我遇到过太多没有技术背景的CIO，他们都不了解现代技术软件和硬件解决方案的复杂性。而那些

有坚实技术基础的则更自信，而且不需要依赖于下属做决策（如果决策不正确就会影响到他们自己的职业生涯）。

今天作为一个可靠的CIO候选人，最低年限的工作经验是多少年才够资格？

● 都有些预期，但是我觉得第一次参加面试的CIO应该是在三十多岁的时候，所以至少有12年的工作经验。

——玛莎·海勒（Martha Heller），Heller Search Associates总裁

● 12～15年。

——德里克·威尔金森（Derek Wilkinson），Boyden Global Executive Search总经理

● 15年。

——贝弗利·利伯曼（Beverly Lieberman），Halbrecht Lieberman Associates总裁

● 在经验方面没有最低年限的限制。我才刚刚扶上了一个有不足10年工作经验的非常成功的CIO。他非常聪明，注重细节，并且有商业头脑；交流简洁有力；而且非常了解技术知识。

——凯思琳·格雷厄姆·香农（Kathryn Graham Shannon），海德思哲公司（Heidrick & Struggles）全球实践执行股东

你会给那些中级专业人士什么样的职场建议，帮助他们准备在未来成为CIO？

● 找两个良师——一个是成熟老练的CIO，另一个是"商业"执行官——并与他们有规律性地合作。

● 擅长与企业所有部门的同僚建立良好的关系。IT战略的输赢取决于CIO与其商业同僚的关系如何。

● 了解你自己的优势，在选择就职机会的时候要基于这些优势。你可能是一个非常棒的运营领导者而非战略性思考者。那么或者去找一个以运营为导向的CIO职位，或是一定要雇一个非常棒的战略家到你的高级领导团队中。

——玛莎·海勒（Martha Heller），Heller Search Associates总裁

● 在企业的运作中与那些你服务的人建立好关系。

——德里克·威尔金森（Derek Wilkinson），Boyden Global Executive Search总经理

● 拿到一个MBA，开发面向客户的系统。要时刻关注外包、云计算、SaaS、IaaS以及PaaS，考虑完成一个国际化的任务。

——贝弗利·利伯曼（Beverly Lieberman），Halbrecht Lieberman Associates总裁

● 首先做那些对商业有益且正确的决策，在建立关系上、人力开发上以及沟通技巧上投资。走出你的办公室，到外面转一圈——去了解你的团队以及你为之服务的团队。将IT当做商业来运作。保持走在信息前沿，战略性地思考事情的走向。

——凯思琳·格雷厄姆·香农（Kathryn Graham Shannon），海德思哲公司（Heidrick & Struggles）全球实践执行股东

从企业内部选拔上来CIO的比例是多少？

● 传说中，可能不到20%。

——玛莎·海勒（Martha Heller），Heller Search Associates总裁

- 50%。

——德里克·威尔金森（Derek Wilkinson），Boyden Global Executive Search 总经理

- 25%。

——贝弗利·利伯曼（Beverly Lieberman），Halbrecht Lieberman Associates总裁

- 大约50%。

——凯思琳·格雷厄姆·香农（Kathryn Graham Shannon），海德思哲公司（Heidrick & Struggles）全球实践执行股东

对比五到七年前所要求的技能，如今对CIO有哪些新的技能要求？那么，到底什么改变了？

- 创新的能力。
- 满足外部客户的能力。
- 全球领导力。
- 数据战略、数据管理以及商业情报。

——玛莎·海勒（Martha Heller），Heller Search Associates总裁

- 我觉得，没有太多改变。技术总是在变的，但是了解如何能做好事情是基于传统的好直觉、项目管理能力、领导力和视野。

——德里克·威尔金森（Derek Wilkinson），Boyden Global Executive Search 总经理

● 技术的范围包括移动技术、社交网络、商业分析以及云计算。我不认为在五到七年前我们在做这些。

——贝弗利·利伯曼（Beverly Lieberman），Halbrecht Lieberman Associates总裁

● CIO总是被要求提供能增值的IT。随着技术的消费化，需要专注重新思考商业，并修改其过程以应对目前开展商业的流行方式（例如，数码、数据、移动、安全性）。技术的发展实在太快，而且很难走在消费者或客户的前面。需要商业响应的更快，但仍需要有灵活性。

——凯思琳·格雷厄姆·香农（Kathryn Graham Shannon），海德思哲公司（Heidrick & Struggles）全球实践执行股东

我完全同意这个问题的所有回答。移动、社交和云计算正在改变一切，而我们要做的是搞清楚我们拿这些数据怎么办以，及如何保证数据安全。

对那些想扩展到IT之外的现任CIO而言，什么是普遍的下一步？

● 首先是我定义的"CIO加"现象，即一个CIO有了一个附加的头衔，例如战略规划副总裁或是客户服务副总裁。一旦他/她在双重身份中做得很成功，那么下一步就是COO。

——玛莎·海勒（Martha Heller），Heller Search Associates总裁

● COO或是另一个运营角色，尽管金融也在上升为可选范围。我的理论是，好的CIO会为自己在这些职位里做投资。

——德里克·威尔金森（Derek Wilkinson），Boyden Global Executive Search总经理

- 技术相关企业的COO或者CEO。

——贝弗利·利伯曼（Beverly Lieberman），Halbrecht Lieberman Associates总裁

- CEO或者COO。

——凯思琳·格雷厄姆·香农（Kathryn Graham Shannon），海德思哲公司（Heidrick & Struggles）全球实践执行股东

对准备走下一步的CIO而言，什么是必需的技能？

- 领导力。

- 六西格玛（Six Sigma）、精益生产（Lean）或其他不断改进的方法论。

- 关系。

- 能够不用解决技术的视角能力。

- 商业头脑。

——玛莎·海勒（Martha Heller），Heller Search Associates总裁

- 可展示的有视野的领导力。

——德里克·威尔金森（Derek Wilkinson），Boyden Global Executive Search总经理

- 像运行商业一样运行IT的能力，让客户高兴的能力，以及管理成本确保盈利的能力。

——贝弗利·利伯曼（Beverly Lieberman），Halbrecht Lieberman Associates总裁

来自人事智囊团的见解和建议实在是太棒了，我希望对有志于做CIO的人以及想往下一步走的现任CIO有较大帮助。阅读到此，我希望读者已经用光了他们划重点的笔。本章里隐含着太多智慧，而且这些智慧来自于那些寻找顶级IT人才并得到高薪的人们。

6.3　领导未来的能力

技术管理确实在发生变化。今天的CIO所需具备的经验、成就以及技能，与现代历史中任何时期以及在CIO自身的角色进化中的任何时候所要求的一样严苛。在《首席信息官》杂志上一篇近期的文章里，玛莎·海勒（Martha Heller）指出了未来CIO所需要的技能。海勒是Heller Search Associates的总裁，她经常为《首席信息官》杂志撰文，是一个老练成熟的猎头，也是我关系网里的重要朋友和成员，为本书做贡献的猎头之一。根据海勒的研究，CIO在不远的未来需要以下这些技能：

- 供应商管理经验。

- IT管理知识。

- 金融财政专业知识。随着采纳云计算的增加，CIO需要了解技术的ROI，以及它如何影响分期偿还的时间表。

- 团队领导技能。这包括能谦虚谨慎地雇佣那些比你聪明的人，让他们围绕在你周围。

- 经历过企业大起大落，如企业并购和破产。

● 面对外部客户。

● 可证明的创新能力。

● 顾问经验。

● 运营一个利益受损的商业单位的经历。对未来CIO而言，这很可能成为增长趋势，如果你可以找到这样的机会，这绝对是必要的经历和技能之一。

● 产业和地域的多样化。这能塑造一个非常老练成熟、有经验的执行官，能适应变化的环境或文化。

● 人才供应链条管理。与学院和大学合作，准备好下一代IT领导者。[1]

---

[1]　Martha Heller, "Tomorrow's Leadership Skills," *CIO*, June 1, 2012, p. 43.

6.4　功课

我有很成功的与猎头企业合作的经历和经验。他们是我目前成就里非常重要的一个方面，而且在我的职业生涯里扮演着重要角色是毋庸置疑的。长期保持联系并建立良好的关系对双方而言都很有价值。在得到成熟招聘团队的建议后，我开始不断地学习。其实，一个最重要的IT应用程序应当是用正确的技术解决方案解决某一个商业问题，用最后的商业成就说话，而不是IT本身。我不只一次地提醒自己在对IT团队讲话时用技术语言，对CEO用战略语言，对商业专业人士用商业语言，针对不同的部门或专业说适合的语言。

今天的IT专业人士应当是那些善于学习商业知识，使用商业语言交流，并通过专业技术以最高效的方式解决问题的人。

6.5　攻略

　　为结束本章，我建议在职CIO和有志要做CIO的专业人士不要忽略打造一份充满成绩的简历，并提升不同层级的责任，这些有可能会让你在将来运行一家国际级的IT企业成为现实。以下的建议是为了帮助那些想吸引著名猎头企业关注而达成其下一步目标的人：

　　● 对适合的人群讲适合的话。IT从业人通常都爱讲IT术语，尤其是在商业专业人士面前。了解你的听众，并对他们讲他们听得懂的语言。对你的猎头更是要这样沟通。他们是你面试第一家企业之前要面对的考验。

　　● 与重要的猎头企业（本地的、地区的，甚至是全国的和全世界的）保持联系，与他们建立长久的互利关系。在他们面前让你自己显得更有价值。记住，他们是要从候选人那里赚钱的。

　　● 努力写一些能产生商业结果的项目或IT战略。发表文章是提升你的简历和知名度的不错方式，这也是会议组织者寻找发言人的方式。这两项技能——写和说——是相辅相成的；它们可以极大地提高你的曝光度，并吸引到猎头。十多年前我

也是这样认识玛莎·海勒（Martha Heller）的。

● 扩大你的网络，并专注于非IT团体，他们能更好地帮助你接到来自其他企业的商业合同。

● 如果你是个中级从业者，找一个良师，让他们指导你的职业规划。不要只是将这搞成你单方面获益的关系（一味索取），要付出。

● 如果你已经成为CIO，那就变成别人的良师。向前投资，帮助培养下一代的IT领导者。

● 如果有可能，取得一些国际经验。大型的咨询企业经常提供不错的机会让你获得与国际客户的经历。这样的经验同样还可以帮助你学习了解不同的文化，体验不同的环境。

● 要努力取得好成绩以及IT实践经验，比如解决商业相关的问题，并且是由你的客户可以看得到并打分的。

● 考虑拿一个MBA的学位，以升级你的本科学位和经验。拥有MBA学位的CIO比起其他执行官更有立足点。对那些付费的网上课程要谨慎，它们往往比较昂贵，而且比不过那些传统的非营利学院机构的课程。在你申请参加课程之前，咨询一下那些营利和非营利教育机构所做的研究有什么不同，以及给学生带来的价值有什么不同。尽量去那些最有声誉的学校。学院机构的声誉还是很有影响力的。

● 最后，但绝对不是不重要的一点，建立你的口碑。你的口碑绝不仅仅是你放到LinkedIn上面的工作历史和工作职位经历。口碑是你的成绩、你所写的文章、你参加的会议、你在会议上的发言以及你的专业。刊登你的简历的网站应该能够让包括猎头在内的读者与你交流，并要说明你在未来有能力做的事，以及展示自己的业绩和体现个人的性格。

07 云计算的战略和风险

不要总想着变为一个成功的人，而是要变成一个有价值的人。

——艾伯特·爱因斯坦（Albert Einstein）[1]

[1] Albert Einstein, Inspirational Quotes, www.inspirational-quotes.info/success-quotes. html （accessed October 1, 2012）.

云计算不再仅是一个神话，它成为了现实。来自世界各地的CIO都在将他们IT部门的一些功能转为云端。那些保持高度安全意识的CIO将他们最重要的技术和数据都保留在防火墙后面自己的数据中心里。有风险意识的CIO则运用一种私密与公开结合的云端技术。SaaS供应商及应用已成为当今云端技术发展的巨大推动力。在云端上打开一个主要应用程序所需的时间可能是很多个月（有时候是几年）、很多天或是几个月。

在云计算已经诞生的今天，商业客户要求我们全身心投入，以期满足他们对IT系统和服务的适时需求。本章为有意开发云端资源的IT专业人士和高管们提出了宝贵的指导意见。

7.1　云环境

多年来，IT一直在通过多种方式使用计算服务——甚至在云计算这个概念成为品牌之前就已经开始了。除企业内部核心计算能力和数据中心之外，托管服务、应用服务提供商（ASP）和SaaS还为企业提供计算基础设施和软件服务。以下是一些IT专有缩写名词的定义，用来说明在今天的市场上云计算到底是什么：

● 云计算。这是"一种计算能力，提供计算资源和它的底层技术结构之间的抽象概念（例如，服务器，存储和网络），能促使对配置的计算资源共享池进行便捷的、按需随机的网络访问，这样的计算资源共享池可以以最小的管理工作量或与服务供应商的互动而进行快速地配置和发布。"[1]

什么是云服务？简言之，云服务就是企业基础设施、网络、安全（共享或专用的）以及核心数据库、控制和管理之外的软件服务。通过公共互联网、专用网络或虚拟私人网络可以使用云服务。

● IaaS。作为一项服务的基础设施，IaaS是提供计算基础设施（存储、硬件、服务器、网络）的典型虚拟化服务。[2]IaaS的实例包括亚马逊弹性计算云端网络服

---

[1]　"Cloud Computing Glossary," Cloud Times, cloudtimes.org/glossary（accessed October 2, 2012）.

[2]　Ibid.

务（EC2）和简单存储服务（S3）的产品服务，它们通过一种计费模型来提供可供使用的计算资源。产品使用情况、规模及持续时间是服务计费的依据。IaaS使服务器、磁盘、网络和安全问题等传统的基础设施项目，迅速转变为其他类型的基础设施。电话基础设施解决方案现已"浮出水面"，客户可将他们的电话系统和基础设施转移到数据中心以外，并在公共互联网上，或通过专用网络访问IaaS和SaaS。

● PaaS。PaaS是一项与IaaS密切相关的服务平台。用户需要在这个平台上租赁硬件、操作系统以及互联网上的存储量及网络容量。对开发商而言，PaaS拥有包括灵活配置、为跨地域的不同资源进行操作系统升级的优势。①

● SaaS。SaaS是一项软件服务，包含在互联网上的云端应用服务。SaaS过去被定义为一个ASP。SaaS应用程序的CRM解决方案如Salesforce的CRM、Marketing Cloud以及Service Cloud应用程序、谷歌Gmail及其应用程序、Microsoft Dynamics、Microsoft Exchange以及甲骨文的On-Demand应用程序等软件，且它们都是在互联网上推出的。在这种模式下，客户不需要购买任何运行应用程序的服务器、应用程序或其他基础设施，只需购买使用该产品的许可证，通常指定一个用户或并行的用户。

SaaS供应商。通常SaaS供应商是从基础设施建设和架构起家的，因此企业能够通过Web服务和应用程序编程界面（API）与他们的系统和数据连接，允许客户整合应用程序之间的信息，无论这些应用程序是在云端上（公共或私有）还是在本地数据中心内（在其管理的数据中心之内且在其防火墙之外）。本章的后续部分将讨论整合的问题，给出一组更完整的解释，为读者提供建议。

● 云供应商。云供应商是有偿提供云基础平台、基础设施、应用程序或存储服务的供应商。②

---

① "Platform as a Service（PaaS），" TechTarget, searchcloudcomputing.techtarget.com/definition/Platform-as-a-Service-PaaS（accessed October 6, 2012）.

② "Cloud Computing Glossary."

● 弹性云计算。弹性云计算是为满足高峰使用需求而快速动态地提供和撤销基础设施的一种能力。[①]基础设施包括中央处理器（CPU）、内存和磁盘层的性能管理。这种弹性能力使企业在已知的计算需求之前能够迅速地获取资源。例如，那些与网站或社交媒体活动以及公共关系相关的行为，可以将大量的用户吸引到以Web为基础的计算资源当中（这些资源是与企业名称一起命名的品牌）。

● 私有云。私有云一般包含基础设施、存储、网络（PaaS和IaaS）和应用程序（SaaS），它们均是企业网络的扩展（例如，扩展到防火墙后面）。[②]私有云基础设施和应用程序可以在你的防火墙内。由外部供应商进行管理，或者作为该网络在企业防火墙后的延伸，更常见的是将其置于某个供应商的数据中心内部（但却远离其他客户）并与企业网络相连。

● 公共云。是一个可通过公共互联网访问基础设施、存储、网络和应用程序的供应商环境。[③]公共云供应商包括亚马逊、Salesforce、Blackbaud、Sugar CRM、谷歌、微软和Rackspace。这些只能通过公共互联网，很可能在共享的基础设施（服务器、磁盘和网络）上进行访问，可将其轻松提供给新增客户。SaaS解决方案的公共云供应商拥有存储用户数据和信息的基本数据库管理系统。有些供应商专门将信息存储在共享的数据库中，而其他的独立用户则使用单独的数据库或容器。在使用公共云或SaaS解决方案之前一定要清楚你的信息的存储方式。

● 混合云。是一个公共云与私有云服务的组合。

鉴于其灵活特性，即我们可选择将企业重要数据和信息存储在防火墙以外或其背后，混合云必将成为今天企业最常用的方案。此外，选择混合云的根本原因是出

---

① Ibid.
② Ibid.
③ Ibid.

于安全目的，混合云在决定系统、数据和应用程序放置方面，以及决定移动到控制范围的程度方面，均给予CIO最大的灵活度。企业在决定实施云计算之前需要确定风险等级，以及确定是使用公共云空间还是选择私有云产品的更安全的（受控制的且已连接的）网络。以下是我们给予CIO和CISO在使用公共、私有云或本地数据中心解决方案时的建议：

● 如果对信息的安全性没有什么顾虑，那么请将系统和数据放置到公共云。请确保公共云中与SaaS解决方案相关的角色和配置文件安全可靠。如果希望获得更高级别的安全性，那么请确保你的应用程序只能在企业的一个办公室内通过互联网供应商所提供的服务（包括由许多SaaS供应商所提供的服务）进行访问。当你能够确定你所使用的云服务的资产是来自你控制（且可确保其正在被DLP软件监控）和管理的计算平台时，则可运行数据防丢失（DLP）软件。

● 为需要高严密性及安全性的系统和数据选择一个私有云产品，并通过专用网络或虚拟私人网络，将企业数据中心和供应商的数据中心连接起来，以确保安全。

如果你非常担心敏感数据和系统的安全性，那么就将它存放在你的本地数据中心内。我坚信，既然大多数的数据丢失和窃取风险均来自于内部，那么DLP软件的出现必将开辟信息和数据跟踪的新时代。随着公共、私有和混合云计算的日趋发展，以及企业数据与系统的逐渐分离，DLP也将成为一个保护企业关键数据资产不受损失的重要工具。

如何准备云环境

在决定转移应用云端之前，企业应当首先了解以下几个标准：

● 企业的风险状况（高、中或低）如何。找出该问题的答案将有助于你确定到底是应用云端，还是希望将你的应用程序放在内部进行更好的控制，或至少是使用私有云解决方案。

● 鉴于需要大量的网络、带宽与潜在的（WAN）加速服务以及更优的安全防护，应当确定是否已经为适应云端，而对你的数据中心和办公室进行过优化。

● 优化桌面和移动环境以实现对用户的授权。

● 确定哪些应用程序应当被转移到云端上，并确定资源及其供应商的来源（本地数据中心、私有云或公共云）。同时，要确定评判标准，将那些能够创造商业价值和利益的功能或应用程序转移到云端上。在确定使用云计算之前，一定要分析收益和风险。值得注意的是，在转移部分功能的同时，请保留非基于Web基础的应用程序，因为它们可能是遗留在内部数据中心的客户端。不要把终端服务功能带入到你的云端供应商处。

● 确定安全性并根据你的风险状况进行监控。

● 由于现有产品只符合外部供应商及其SLA条款的要求，因此需要开发和/或完善你的SLA，使其包含现有产品的各种变量。

● 使IT运营产业化以提高生产力、监控性能，并更好地进行内部管理和云服务管理。①

福雷斯特公司对IT基础设施和系统运行能力领域的行业领先企业开展了一项调查，目的是提前了解他们在未来几个月所面临的挑战（见图7.1）。从图中我们不难看出，如何有效且安全地使用云计算、对消费设备支持（包括移动）以及规划和管理商业需求（无论是通过内部的或是云基础的服务）是排在前三位的重点优化

---

① Doug Washburn, "Executive Spotlight: Top Priorities for IT Infrastructure & Operations Leaders, 2H 2011," Forrester Research, September 16, 2011.

事项。[1]

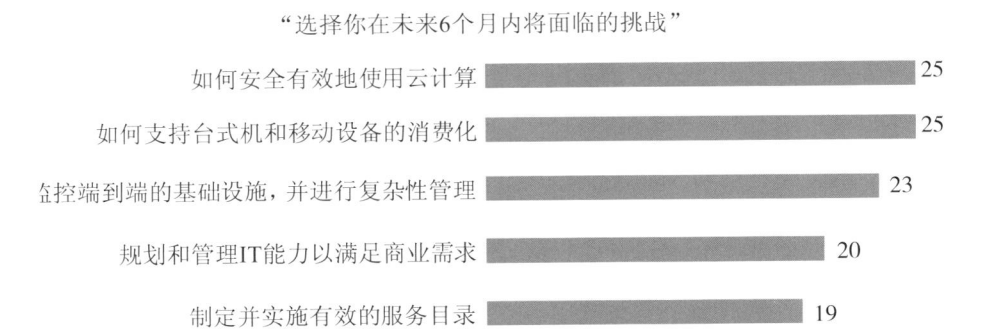

"选择你在未来6个月内将面临的挑战"

如何安全有效地使用云计算	25
如何支持台式机和移动设备的消费化	25
监控端到端的基础设施，并进行复杂性管理	23
规划和管理IT能力以满足商业需求	20
制定并实施有效的服务目录	19

福雷斯特公司基础设施与运营委员会基于对36位执行官的调查（可多项选择）

来源：2011年第二季度全球基础设施与运营委员会对挑战评估的在线调查报告

图7.1　IT基础设施与运营领导力的优先考虑事项

资料来源：福雷斯特公司

为云端做规划：供应商如何做好云端规划

下述内容是一些云计算供应商如Rackspace总结的使用公共云服务的实施步骤：

● 规划包括对云服务器、网站、存储、平台、网络、监测、备份以及性能方面的决策。同样，供应商在容量规划、规模、安全、服务器配置以及应用程序或Web服务器（例如Apache、IIS）的选择上也给出了建议。

● 根据服务对象的环境条件不同而提供相应的安装服务。这些安装服务包括提供服务器、数据库、补丁管理、数据库安装、配置、安全与防火墙、负载均衡、电子邮件集成与中继。

---

[1]　Ibid.

● 配置一般包括操作系统配置、数据库优化、云端环境内外的域管理、Web网络和应用程序服务器配置以及负载均衡配置。

● 补丁管理。

● 备份战略和管理。

● 监测以及阀值警报。

● 故障排除。[①]

市场上有很多IaaS，PaaS和SaaS的云端供应商提供有关基础设施和应用程序服务，但他们大多数无法满足客户在软件或硬件方面的要求（除了应用程序整合）。因此，那些想要应用云端或扩展到云端的企业，应当对云计算的供应商本身以及他们的解决方案、成本和使用途径进行全面研究。我推荐大家使用有关IT咨询企业的服务，让他们协助你分析、迁移并管理你的云端投资组合。

云计算的优势及其影响

实施云计算对IT部门和它所支持或服务的企业将形成以下优势和影响：

● 云计算企业可提供服务器、磁盘系统以及应用程序，这些均比进行内部管理和维护的系统效率高很多。有些供应商甚至提供以分钟、小时或天数计算的在线计算服务。

● 节约成本。云端允许客户只支付其使用服务的那部分费用，即企业只需支付其使用的计算和应用程序服务的费用。如果他们在非高峰期间减少或缩小企业业务规模，他们的成本就会相应下降。

---

① Rackspace, www.rackspace.com/cloud/private（accessed September 10, 2012）.

● 大多数云端供应商（IaaS，PaaS）在其解决方案中均提供弹性计算选项，这使得企业可按需增加或减小系统规模以及变更其性能。相应地，他们则只需支付实际使用服务的费用。它与企业数据中心内部的与系统相关的使用模式完全不同，这种内部系统的使用率较低，但完全可以通过虚拟化技术对其进行优化。虚拟化系统的授权CIO和基础设施经理可通过管理某个物理服务器的虚拟服务器（VMware虚拟机）的数量来更好地使用基础设施，同时确保他们的投资能得到最佳利用。暂且不管企业内部数据中心的使用水平如何，企业通过IT资本收购，将获得云端供应商所提供的所有计算能力和基础设施。弹性云计算不包含对闲置资产的总投资，所以说客户只需支付他们所使用的那部分服务的费用。

● 在企业购买云服务之后，其运营费用并不是传统意义上的资本开支形式。相反，更高的IT花销将出现在本年度内（或者说100%的花销都发生在本年度内），而在资本和折旧方面的成本却很有限，因此企业的潜在净收益将减少（取决于企业的规模和收入）。IT基础设施和大型应用程序软件的贬值通常使成本被切割成若干年的折旧成本（通常为三至五年）。因此，大型资本收购就很可能出现在本年度的财务报表中，而其收购成本在资本模型中却只占20%～33%。如果企业决定将其业务转移到云端或加速到云端，则CIO必须结合实际情况，通过增加运营开支或减少资本支出来调整预算。

● 云端存储要比购买和维护内部SAN系统更划算。福雷斯特公司曾做过一个试验（分析），他们将100TB的内部存储和云端存储进行对比，结果发现使用和维护100TB的内部存储的成本大约是100万美元，而使用云端产品的成本只需25万美元。[①]表7.1和表7.2分别描绘出100TB的内部存储和云端存储的潜在成本。

---

① Andrew Reichman, "File Storage Costs Less in the Cloud Than In-House," Forrester Research, August 25, 2011.

表7.1　传统文件存储系统的购买与运行成本十分昂贵

内部存储

	假定值	计算结果	
实际数据的TB数量	100	400 000美元	基础存储量取得成本
预期的存储寿命	4	300	要求的可用TB数量（包含数据副本）
美元/可用GB购买价格	4美元	420	主文件、副本和使用所要求的可用TB总数
过剩数据的备份	3	1 680 000美元	总存储要求的的取得成本
常见的存储利用（不包括RAID和系统资源管理费）	60%	420 000美元	基于使用年限的年度存储取得成本
典型的TB/FTE	150	2.8	规定TB数量的存储管理FTE要求
全负荷的美元/FTE	120 000美元	336 000美元	年度存储管理成本
设施和电力费用（存储收购成本）	5%	84 000美元	年度设施和电力费用
所包含担保的年限	3	63 000美元	年度维护费用
附加担保年限购买价格占原始购买价格的百分比	15%	52 500美元	年度数据迁移费用
可用TB数据迁移的单位成本	500美元	955 500美元	年度内部存储总成本

资料来源：福雷斯特公司

表7.2　云存储比传统存储更直接更便宜

云存储

	假定值	计算结果	
实际数据的TB数量	100	11 800美元	每月云存储成本
美元/GB/月云存储费用	0.118美元	141 600美元	年度云存储成本
月/年	12	10 000美元	数据上传总成本
GB/TB	1 000	50	下载TB数量/月
美元/GB数据上传费用	0.1美元	90 000美元	年度数据下载费用
初始数据上传，年度成本假定值	100%	0美元	附加冗余容量费用
美元/GB数据下载费用（简化）	0.15美元	0美元	年度云网关费用
数据下载/月	50%	20 000美元	年度网络增量费用

（续表）

	假定值	计算结果	
所包含的冗余数据备份	3		
云网关硬件/软件费用	0美元	251 600美元	年度云存储总成本
网关预期寿命年限	4		
年度网络增量费用	20 000		

资料来源：福雷斯特公司

● 鉴于在云端上已部署过新的安全服务，因此云端具有更好的监测性能以及完善的安全性能。虽然在我看来，所谓的安全性尚不能完全确定，但我会在本章后续部分详细讨论该安全性问题。由于我们可以从很多云端供应商那里买到硬件和监控服务，因此硬件和监控服务在今天已然成为了"日常商品，且货量充足"。与其花时间在采购、安装、维护或监控IT核心服务器和磁盘的基础设施上，不如考虑将一部分服务放到云端上去。但放置时机是关键。对于那些刚刚购买了服务器和磁盘系统（SAN）的企业来说，我建议他们在使用基础设施云服务之前重点考虑一下云端应用程序。我们是允许企业所购买的硬件出现较大程度的贬值的，并且当硬件和基础设施的采购接近尾声（或贬值到最低值）时，就是我们考虑IaaS和PaaS扩张的时候了。不用担心，CFO一定会喜欢你这种创新式的金融思考和计划方式。

● 云端为企业提供了可以接触许多应用程序的机会，这也使CIO能迅速把握机会，挺身而出为企业主动服务。例如，CRM、电子邮件、合作、财务管理、电话、商业智能、文件存储和大量的特定应用程序市场及产品都是快速部署且使用特定应用程序的典型实例。可以说，所有在云端的部署均比在内部部署的服务效率高。

● 云端使企业对维护或补丁的依赖减少，取而代之的是允许IT部门将重点放在更灵活而快速地实施服务和应用程序上。

● 云计算供应商通常会负责承担大部分的服务监控工作。这就使IT部门无需再设置作为其子部门的网络服务和运营部门。

● 云服务产品（尤其是SaaS）本身具有灾难恢复商业持续性（DRBC）的能

力，可以大大简化CIO的DR战略、投资和承诺测试负担。当一个企业使用诸如
Salesforce的CRM这样的应用程序时，DRBC便会成为Salesforce所应当处理的问题，
而不再是客户企业的IT部门的问题了。这样一来，企业CIO的工作量和责任就大大
减轻了，同时完全取消了实施有关适用的IT保险政策的时间和精力，避免了自然或
人为的系统故障。

　　福雷斯特公司还对云端进行了如下预测：

● 高度授权的有能力的员工（HERO，尤其是在商业单位里）可以使用新的云
端工具和应用程序来优化他们的工作。与关注整合性和安全性相比，他们将更多地
注重其功能性。

● 单纯针对内部IT云端的努力可能是徒劳的。根据福雷斯特公司在2011年的
预测（而且所有陪审团成员对此深信不疑），全面实施云端计划应包括工作自动
化、建立自助服务门户网站以及成本核算，而非仅仅单纯地用云端刷新虚拟化
环境。

● 急于使用IaaS不会获得运行私有云环境的牵引力。相反，企业应当在试图保留
一些内部基础设施服务的同时，积极地去探索云端应用程序产品。

● 社区云端可能会帮助实现授权的垂直市场（如金融服务、教育或公共部
门）。但福雷斯特对该社区云端的原始预测仍有待确定。

● 工作站应用程序部署将实现高性能的计算化（HPC）。但这一预测的完整性
仍有待观察。

● 云端分析使具有杰出领导力的员工脱颖而出。如果企业可以比竞争对手更快
更好地利用商业智能和分析结果（实时分析、社交媒体分析以及利用非结构化的数
据）获取商业价值，那么该企业会更具竞争优势。

● 云端还可将你的信息转换成某一个利润中心。数据商业化是否能够完全实现，将取决于企业是否愿意且如何使其企业数据轻松而迅速地应用于这些服务中。

● 云端标准化同样也在继续发展。但福雷斯特公司并未准确预测标准化被确定并被采纳的具体时间。

● 云端经济学将在其原有的基础上达到一个新的高度，优化应用程序配置及其设计，使得依据使用付费定价的优势最大化。

● 云端的安全性将被再次证明，但不仅仅只是被供应商所证明。最近，处于行业领先地位的所有云端供应商均发表声明，表示要严肃对待安全问题，并已经获得了国际上的主要认证（ISO27001、ISO20001、PCI-DSS、和FISMA）。我相信，在不久的将来，企业势必在确保他们所使用的云端及其信息的安全中发挥更大的作用。除了更加完善的云端安全认证以及更好的网上培训以外，DLP将是保证云端安全的又一关键要素。①

---

① James Staten and Lauren E. Nelson, "Master 10 Trends for Your Cloud Journey," Forrester Research, May 10, 2012.

7.2 价值与成本

不同的云服务类型（基础设施、平台、网络、数据库或应用程序），其购买成本也不尽相同。我将在下文中着重对一些服务及其价格模式的不同之处进行说明。

增长趋势

以下是一组对采用云计算以及对其进行创新性使用的统计数据（从第二章摘录）：

● 截至2012年9月底，全球每月登录Facebook网站的用户达10亿之多，其中81%的用户来自美国和加拿大以外的国家。[①]

● 主要靠广告投入支持运作的新媒体交流平台Twitter，每天的平均推送量达1.4亿条。[②]

● 2011年，全球私有云市场市值为78.1亿美元。预计到2015年将达到159.3亿

---

① Facebook, Key Facts, newsroom.fb.com/content/default.aspx?newsAreaId=22（accessed October 15, 2012）.

② Twitter, blog.twitter.com/2011/03/numbers.html（accessed January 1, 2013）.

美元。[①]

● 软件即服务（SaaS）占据了全球云端市场的最大比例，2011年的财政支出总计达212亿美元。[②]

成本

根据供应商、服务、软件应用程序和支持类型的不同，云端成本也不同。以下列举了一些云端费用的实例。

亚马逊公共云——EC2

亚马逊在不同的平台上支持诸如Redhat Linux、Windows服务器、openSUSE Linux、OpenSolaris、CentOS以及Oracle Linux等多种操作系统。亚马逊根据客户的需求，为其提供相应的购买环境，总之要使客户享有一个便捷而快乐的使用体验。他们最近通过提供一种免费的标价层级来吸引新的用户使用他们的产品。服务器产品在按需实例和预订实例中进行了定价。[③] 按需支付模式使客户有充分的灵活度来安装、使用和退订这些服务，当客户需要时，他们只需支付这段时间内其所使用的服务费用（按小时计费），无需签订长期协议。表7.3提供了针对各种计算实例和服务器的按需分时定价样本（Linux和Windows系统的价格不同），这些计算实例和服务器已在亚马逊EC2网站上发布。

表7.3　亚马逊按需实例定价 　　　　美元/小时

标准按需实例	Linux或Unix	Windows
小	0.08	0.115
中	0.16	0.230

---

① Andrew Bartels，"Global Tech Market Outlook for 2012 And 2013," Forrester Research, January 6, 2012.

② Ibid.

③ Amazon, EC2 Pricing, aws.amazon.com/ec2/pricing（accessed October 15, 2012）.

（续表）

标准按需实例	Linux或Unix	Windows
大	0.32	0.46
特大	0.640	0.920[1]

表7.4展示了客户可通过利用预订实例并签订合同购买更长的服务时间节省的费用。预订实例中的特大服务器每年会花掉客户3022.88美元的运行租赁费。

表7.4 亚马逊预订实例定价

标准预订实例	预付 （美元）	1年期 （美元/小时）	预付	3年期 （美元/小时）
小	69	0.039	106.30	0.031
中	138	0.078	212.50	0.063
大	276	0.156	425.20	0.124
特大	552	0.312	850.40	0.248[2]

Rackspace的云端成本

Rackspace是另一个云端供应商巨头，在IaaS和PaaS市场上势头强劲。该企业提供各种各样的云服务，价格根据云服务器、网站、数据库、备份、监控、负载均衡计算机、文件、DNS等具体服务的不同而不同。根据存储、操作系统和数据库管理系统使用分类，表7.5列出了以服务器为基础的不同价位，这些费用是非常合理的。例如，使用一个150亿字节存储量的Windows服务器和一个数据库服务器只需支付1.90美元/小时的费用（即1 387美元/月）。[3]

---

① Ibid.

② Ibid.

③ Rackspace, Cloud Servers Pricing, www.rackspace.com/cloud/public/servers/pricing （accessed October 15, 2012）.

内存	Linux	Windows	Windows+SQL网络	Windows+SQL标准
1GB	0.06	0.08		
2GB	0.12	0.16	0.22	0.88
8GB	0.48	0.58	0.64	1.30
15GB	0.90	1.08	1.14	2.63[②]

表7.5　Rackspace云服务器定价　　　　　　　　　　　　单位：美元/小时

我非常清楚，云服务的成本可以累计，如果不是昼夜不停地使用云服务，那么云服务对企业而言也许并不是非投资不可。例如，Rackspace的一个数据库服务器的使用费用为1 387美元/月，或16 644美元/年，如果考虑资本和其他总成本（包括资产管理的费用），也许使用这样的数据库服务器对企业的IT投资而言并不合算。在评估云服务方面，我建议IT经理或其他人员在为提升内部管理服务水平而决定使用云端IaaS或PaaS之前，一定要对服务和成本进行详细调查。对于那些资本开销低的企业而言，使用云端也许是不错的选择。而对于大型企业来说，在决定采用之前需要做全面的成本分析和ROI核算。

SaaS应用程序成本

SaaS解决方案通常是由指定的用户或并行的用户来进行定价的。每个月的费用成本通常来自于许可证成本、基础设施（例如，服务器、网络、安全或支持）成本，这些成本是为满足客户在公共互联网上使用应用程序而必须支付的费用。实际上，SaaS的供应商也会将许多PaaS和IaaS以及它们所提供的软件费用成本都包含进来。Salesforce是一个在云端领域迅速发展壮大的企业典范，它的CRM也是全球使用频率最高且评价最好的CRM系统。以下列举了一些Salesforce近期统计的数据：

● 该企业的基础客户人数从2009年的63 000人扩大到2012年的100 000人。

---

① Ibid.

● 在Salesforce的AppExchange平台上，针对其产品所研发的应用程序从2010年的1 000个增加到2012年8月的1 500个。

● 截至2012年9月26日，从AppExchange上下载并安装的应用程序超过140万个。[①]

Salesforce的CRM软件是由指定的用户来定价的。表7.6列出了各种许可证模型下从小组群到大企业的不同用户定价。例如，要想使用社交合作应用程序Chatter的无限制高级支持的许可证，按每位用户每月250美元的成本计算，那么对于一个拥有1 000个CRM用户的企业来说，其IT运行成本为250 000美元/月，年度费用则为300万美元。[②]

表7.6　Salesforce销售云CRM定价　　　　　　　　　　　　美元/月/用户

联系经理	小组	专业人士	企业	无限制
5	15	65	125	250[③]

与自己购买、安装和维护软件及其所有硬件（例如，服务器和硬盘）相比，甚至加上一个可以转化为资本的本地数据中心CRM解决方案的成本，其总体费用也并不算高，这绝对是一项"经济实惠"的投资。但是，尽管使用SaaS云端解决方案已成为当今的流行趋势，我们身边仍有很多传统的产品可供购买和选择。

福雷斯特公司总结出了未来可能改变SaaS外包模式的五个趋势：

（1）SaaS应用程序将最终成为一种行业趋势。这种趋势将会不断发展壮大并对

---

① Salesforce, salesforce.com/crm/editions-pricing.jsp?70130000000FJ27&internal=true （accessed October 15, 2012）.

② Ibid.

③ Ibid.

整个行业产生影响，改变其走向市场的战略。一些诸如甲骨文这样的供应商已经在向整个行业"兜售"他们的多种高尖端技术特点，如高科技、自动化和生命科学等。

（2）分析模块将决策能力嵌入到SaaS当中。在不远的未来，SaaS解决方案将把商业智能（BI）和分析功能嵌入到他们的销售产品中或进行捆绑销售。这对那些刚刚开始使用SaaS但没有成熟的BI或分析部门的新企业来说是非常有帮助的。与此同时，那些已经拥有成熟的BI或分析部门的企业则需要重新思考是否需要重新武装其BI或分析战略，例如将本地数据中心、内部解决方案变为云端解决方案，或是从云端上带入数据等。

（3）云编制是一种为SaaS购买多种云端解决方案所提供的新渠道。应用程序在服务整合、支持和计费方面将发挥更大的作用。

（4）SaaS将变得与社交媒体更加契合。Salesforce在这方面已走在前列，它正在将社交网络的诸多方面全部整合到其产品中。无论是福雷斯特公司还是我个人都相信，在不久的将来，其他的SaaS供应商也必将跟随Salesforce的步伐，争先恐后地将社交媒体聚合到他们的应用程序里去。

（5）移动性将扩大SaaS的实时优势。移动接入将实现更多的数据共享和更好的分析功能。以浏览器为基础的SaaS解决方案必将得到迅猛的发展（包括进军移动应用程序领域），这样，他们的客户就能够在任何地方无障碍使用他们的产品和解决方案了。[1]

---

[1]　Liz Herbert，"Five Trends That Will Change SaaS Sourcing," November 30, 2011 （Cambridge, MA: Forrester Research）．

美国云端市场的代表企业

说到今天那些推动和塑造了云端市场的行业领军者，IT咨询和市场研究企业能为我们详细地提供出一大串的名字及信息。以下我将例举一些在业内处于领先地位且具有创新性的企业，以供大家参考。虽然该名单并不全面也不绝对，但相信大家一定能从中大致看出云端市场的广阔前景和多样性。本节后续内容还将从IT咨询的视角来讨论云端市场问题。以下是几家全球知名的行业代表企业：

● Salesforce。云端空间的主要领导者之一，主营业务为SaaS。世界上还没有很多其他供应商像Salesforce一样，从一开始就采纳了无软件要求，并在其创新后的14年间坚持做到无软件要求化。尽管如此，Salesforce也像其他许多SaaS供应商一样，同样开发安装在客户计算机设备上的插件程序，这些插件在适当的时候能够帮助实现程序的其他性能，如通过一个Outlook插件进行消息整合。

● 谷歌。谷歌很早就采用了云端技术。在将云端技术迅速扩展到电子邮件、社交以及SaaS合作服务之前，谷歌就已经开始做搜索和广告这块了。最近，谷歌将PDA和平板电脑等产品加入到了移动计算市场的行列。

● 微软。微软也在逐渐将传统上安装在企业电脑和服务器上的产品转移到云端。现在，其最受欢迎的电子邮件系统Exchange也已经被放置到云端。微软是该云端邮件系统的托管方和管理者，而非第三方供应商。Office365是微软进军云计算的另一个典型的产品。

● Rackspace。PaaS和IaaS空间领域的领军者，在公共和私有云方面拥有许多不错的产品。Rackspace曾花了十几年的时间来建立市场上最稳定的云端基础设施之一。与亚马逊的EC2相比，Rackspace的产品绝对具备竞争实力，而且很多情况下更容易被推广。

● 亚马逊。该企业在Web服务和储存解决方案上处于领先地位。亚马逊为客户提供灵活的云计算选择，它是云端模式灵活性方面的开拓者。

● 苹果。苹果一直都是世界上最具创新能力的企业之一。从云基础音乐服务、数码音乐播放器到移动计算再到优化云端应用程序，苹果在所有这些方面都表现得非常出色。它似乎总是将大部分精力放在消费者身上而非企业本身，它的这种特质显然给IT消费化和BYOD趋势加了一把火。苹果现在已经成为世界上最有价值的企业之一。

● 甲骨文。从最初的数据库技术到商业应用程序再到今天的云端产品（已开发的和购买的），甲骨文多年来都是一个积极的创新者。它始终保持着最进取的状态，同时将大量的收入和资金用于再投资。千万不要小看了它，未来几年在重要的云端市场中一定会找到它的身影。

● IBM。IBM虽是一个传统意义上的设备制造商，但在几次对咨询服务企业重要软件服务的收购之后，已然成为了一个全球基础设施和应用程序管理的供应商。同样，IBM在云端市场（IaaS和PaaS）的起步虽然有点迟，但是我们坚信，它一定会在"云端"这个广阔的海洋上乘风破浪，最终成为未来的一个重要的云力量。

由于在云端上有成百上千的供应商和他们的产品，因此在你购买这些产品和服务之前，请一定要仔细进行研究和调查，特别是要充分理解各个条款和条件（尤其是退出条款），这样才有助于你日后在必要时能够方便地转用其他解决方案。

福雷斯特公司所总结的2012年第三季度CRM套件的市场主导供应商（产品）如下所示：Oracle Siebel CRM、Salesforce、Microsoft、RightNow、SAP Business All-in-One、SAP CRM、Oracle CRM On-Demand以及Pegasystems。[1]

---

① "CRM Suite Customer Service Solutions, Q3, 2012," Forrester Research（accessed October 15, 2012）.

7.3 安全性与风险控制

云计算的出现也给IT部门的CIO和CISO带来了许多全新的问题和挑战（例如整合问题以及数据安全问题）。就在几年前，IT企业仍将数据和应用程序放在企业内部或本地数据中心管理。我们在安全问题上做出了巨大的努力，以保护内部的可信数据网络不遭受来自防火墙以外的风险的袭击。

今天，我们通过将公共和私有云的合并，在企业内部和外部建立起一套系统基础设施（服务器、SAN、网络和安全）。内部的数据中心与处于企业可信网络内的静态数据以及数据转换形成了一个安全的三角关系。私有云（可能是通过保护VPN的专用网络）或公共云产品（最有可能是SaaS应用程序）与该企业的可信网络连接在一起。以下是一些值得注意的问题：

● 今天的信息被放置在各个不同的地方并通过不同的界面进行传输，因此信息和数据的安全性就成为目前CIO需要关注的核心问题。

● 在今天硬件服务（SAN和服务器）已经变为日常商品，并且能够被迅速转移

到云端上。这比起一两年前云端供应商在提供基础设施和平台服务方面着实有了长足的进步，而且这方面的服务及其服务性能变得更富有弹性，企业可以对服务进行按需随选。

● 内容过滤工具也从之前的一种屏蔽工具转变成为信息工具。例如，在几年前，很多企业出于安全风险的考虑，通常会对社交媒体、应用程序分享、文件分享以及合作网站进行屏蔽。而在今天，应用程序分享、文件分享和合作网站却得到了蓬勃发展，其购买率和购买量有时甚至超出了IT预算和购买权限。但同时千万不要忽视可能产生的信息风险。

● DLP技术正在被广泛应用于移动设备和社交媒体。我相信，DLP软件连同安全条款（与安全认证保持一致）都将在未来企业数据的风险及风险意识方面起到非常重要的作用。

安全认证

安全标准可以提高云计算的安全性。那些在行业内被广泛应用的认证和标准现在也被SaaS和云端供应商所采用。企业出于对安全风险的考虑，往往不愿意采用云端技术，所以如果供应商能够及时升级标准、遵从认证，那么将会帮助客户克服安全顾虑，获得他们的信任。以下是一些云端供应商所采用的国际适用认证：

● ISO27001。该标准取代了过去的BS7799-2标准作为信息安全管理系统（ISMS）的新规范。建立该标准的目的是"建立、实施、操作、监控、评估、维护和改善信息安全管理系统，为用户提供一个标准模式"。[1]ISO27001标准同时定义了诸如管理责任、内部审计、安全管理系统改进、控制目标及管控方面的访问渠道。

① 27000.org web site, "An Introduction to ISO 27001 (ISO27001), www.27000.org/iso-27001.htm (accessed October 6, 2012).

● ISO20001。该标准是"一套为核心IT操作程序（如服务、关系、解决方案和发行）而制定的最佳的结构实践案例和标准方法论。"[1]

● 美国相关法律和标准：《联邦信息安全管理法案》（FISMA）。该联邦法案推动了主要安全标准的发展，在为支持法案的顺利实施以及保护国家重要信息基础设施方面提供了指导意见。[2]美国政府在云迁移方面要比其他政府的脚步慢一些，因为政府一直犹豫要不要走这一步。在政府将特定服务和数据向云迁移之前，并且只有当存在足够安全的实践先例和标准时，云端供应商才能证明自身的合法性。

● 《支付卡行业数据安全标准》（PCI-DSS）。该标准是由美国主要的发行信用卡和贷记卡的网络企业（美国运通卡、Visa信用卡、万事达信用卡以及发现卡）所开发的，用以规范使用支付程序要素以及网上商务流程的一套标准。该标准区分不同水平的服务等级，而服务等级的确定又与持卡人每年的刷卡交易量相关，即不同的交易量适用于不同的规范标准。

● 《标准认证服务声明》（SSAE16）。这是一个审计标准声明（SAS），也被称为SAS70。SSAE16是在旧版SAS的基础上于2010年正式启用的。SSAE对企业系统和控制目标（包括管理主张）进行了规范。与此同时，该规范也已启动了控制程序，并将在评估期间被正式采用。[3]

　　做到严格遵守这些标准和认证是非常不易且耗费精力的。单就IT标准和认证这一个话题就能写出一两本书来，因此我建议任何想要采用云服务的企业在正式实施

---

[1]　Qpsinc.com web site, "ISO 20001: IT Service Management Systems," www.qpsinc.com/documents/ISO%20 20001.htm（accessed October 6, 2012）.

[2]　NIST web site, "Federal Information Security Management Act（FISMA）Implementation Project," csrc. nist.gov/groups/SMA/fisma/index.html（accessed October 6, 2012）.

[3]　"SSAE 16 vs. SAS 70—What You Need to Know and Why," Statements on Standards for Attestation Engagements, www.ssae16.org/white-papers/ssae-16-vs-sas-70-what-you-need-to-know-and-why.html（accessed October 6, 2012）.

前，应当先向标准咨询企业咨询，这些标准企业能够对你是否遵从标准和相关法律起到监督作用。标准和认证还可帮助CIO和CISO将其数据和应用程序向云迁移，同时有理由说服企业执行官采用相对安全的云端解决方案。所以说，遵从标准和认证对云端供应商起到了重要的推动作用。

安全风险与风险降低

云端供应商对出现安全问题和服务中断负有责任。而且近些年来，在美国DropBox、Box、LinkedIn、Facebook以及谷歌等企业都在这方面出现过问题。尽管如此，与云端相关的问题主要还是服务中断问题而非数据外泄。[①]随着越来越多的企业将资源云迁移，安全问题专家认为在未来将可能出现更大更频繁的安全漏洞问题。

美国典型的安全事件

下面，我将就一些云计算供应商近期所经历的数据安全问题与大家进行讨论。但要注意，这里所讨论的问题可能只是"冰山一角"，或许还有更多的问题未在这里提及到，甚至还有很多问题尚未被发现。

● Mega-upload。联邦调查局（FBI）对受盗版指控的一个网站进行了突击检查，该网站总部设于香港的"云端文件共享与存储"。随后，网站上被激怒的用户们在黑客的鼓动下，运用拒绝服务（denial-of-service）攻击了支持突击调查的执法与本行业网站。[②]不久之后，该不法行为被认定为仅仅是一些用户被蓄意利用从受

---

① Jeff Vance, "What You Really Need to Know about Cloud Security," *CIO*, June 18, 2012, www.cio.com/article/print/708649（accessed July 20, 2012）.

② Ellen Messmer, "The Worst Security Snafus of 2012—So Far," *Network World*, July 13, 2012, www.networkworld.com/news/2012/071312-security-snafus-260874.html（accessed October 6, 2012）.

病毒感染的网站上下载Trojan软件所造成的。

● 2012年1月，美捷步网络鞋店（Zappos）宣布遭受黑客入侵，其客户信息（包括个人身份验证信息PII）被盗取。[①]

● 2012年2月，佛罗里达大学对部分个人下发通知，阐明他们的社保账号在州级网站上不恰当储存时间超过六年之久。[②]

● 2012年2月，为苹果产品代加工的大型亚洲企业——富士康被一群称为Swagg Security的黑客入侵，目的是为抗议富士康在中国的恶劣工作环境。[③]

● 索尼在解雇了多名负责安全问题的员工后不久，便遭受了一系列的网站数据外泄攻击。[④]

● 2011年4月，艾司隆企业成为一次鱼叉式网络钓鱼袭击的受害者，这次袭击使"估计有六千万客户的电子邮箱"信息泄露。[⑤]

现在，越来越多的云端供应商会碰到由各种原因所引起的服务中断问题。客户和业务本身应当学会适应这些安全问题和服务中断的出现，因为提供云端托管服务的供应商越多，他们就越有可能成为安全漏洞和数据外泄的攻击目标，这正是今天黑客攻击的趋势和特点。

内容过滤和防数据丢失

在今天的复杂环境中，处理安全问题最好的方法是要有一个明确的战略，即确定你的云端渠道与供应商、整合战略与工具、监控检测方法以及DLP。我建议一定

---

① Ibid.

② Ibid.

③ Ibid.

④ Mathew J. Schwartz, "6 Worst Data Breaches of 2011," *Information Week*, December 28, 2011, www.informationweek.com/security/attacks/6-worst-databreaches-of-2011/232301079（accessed October 6, 2012）.

⑤ Ibid.

要选择那些知名的供应商，因为他们都会签署并遵守更科学的标准和规则，并且在利用恰当的资源以确保客户数据安全方面更富有经验。

除此之外，我还要向大家推荐使用内容过滤软件和DLP软件，这两款软件可以及时告知企业所面临的风险是什么，以及你的数据正流向何方。内容过滤工具对确定你的用户正在使用何种IT或云服务（有时并非通过IT渠道或资金）非常有帮助。而DLP软件虽较为复杂，且存在进一步完善的空间，但是它却可以帮助企业确定在社交和云端系统中可能面临的数据丢失、窃取和泄漏等风险。DLP软件还可以通过一种标识方法，使企业在其计算机资源中持续不断地扫描这些标识，以确定某个标识的威胁或风险是否被启动并被屏蔽。

DLP的原理是开发出一个能够成功捕获在客户数据库中被选中的关键目标的标识。探测能力是关键，因为没有探测就不可能获知企业里有人已经选中了你的客户数据库，并准备将其写入到一个数据密匙里，然后再发布到私人社交媒体或文件存储网站上，或是发送到个人电子邮箱里（通过适当手段或非法途径）。这时，DLP则很容易探测到受入侵的门户，并发出警报，阻止内部信息发生任何潜在的泄露。

事实上，使用好DLP并非易事，要让它如预期的那样发挥作用，就要充分考虑其他因素。其中，企业需要做出的一些艰难决定，包括是否允许员工在企业外的可信网络上，通过个人设备访问云端供应商，或使用其产品。企业员工要想实现对云端的自由访问，企业就不得不考虑这个问题，尤其是在个人设备数量疯狂增长的今天。但是，如果DLP不能很好地监控这些设备，那么它就无法保护上传到这些设备上的信息。

因此，要想在社交、云基础文件存储、SaaS解决方案、CRM解决方案以及合作解决方案（你的数据中心之外的）的环境中真正保护好企业的数据，则必须要制定出详细的规划和限制措施，而这些措施很可能惹恼你的用户和员工。我可以十分确定地说，与前几年相比，如今很多企业觉得他们更加没有安全感，因为他们现在不得不屈从于来自用户端的压力，从而放松安全限制（如，BYOD以及处在IT管控之外的通过个人设备所使用的SaaS解决方案）。

切记，随着云端技术的蓬勃发展，数据安全将成为下一个十年的热点问题，那时，相应的标准、安全软件和工具都会出现并发展起来。如果你准备向云迁移，那么请注意以下几点提示，它们会帮助你改善你企业的信息安全问题：

● 详细了解你的云端供应商，调查他们有无违反安全标准的不良记录以及他们是否遵守新的安全标准和准则。《首席信息官》杂志建议，在你购买它们的服务之前，最好要求他们提供相关的认证报告（如，SSAE16、PCI或者FISMA），同时向他们提出以下10个问题：

（1）在提供服务的时候是否遵守安全发展循环机制？

（2）是否可以证明它们的安全性，并提供认证和穿透测试结果？

（3）他们的数据保护政策是什么？

（4）他们的数据隐私政策是什么？

（5）如何加强实施这些政策的？

（6）SLA里面是否包括安全性说明？如果不包括，为什么？

（7）他们是如何进行数据备份和数据回复并确保其安全的？

（8）他们是如何进行数据加密的（包括动态数据和静止数据）？

（9）他们是如何将我的数据和其他（客户）的数据隔离开的？

（10）他们的安全记录能对我开放到多大程度？[①]

● 制定一个安全战略和一套对应的政策（包含云计算和SaaS解决方案），这就要求企业对其员工进行全面的培训，让他们树立起风险意识。有经验的企业都会将IT安全培训纳入到他们的年度培训项目里。

● 同时制定一个包含完整程序的突发事件应对计划，使企业的主要行政领导能够第一时间知晓并应对所发生的安全或数据丢失事件。

● 考虑购买信息技术责任保险，避免任何可能对企业声誉或财产造成损失的事件发生。

● 改进内容过滤技术，让其能够监控和报告那些发生在互联网上的数据活动。例如，如果你的企业允许个人设备连接到短信系统（今天已很常见），那么仅仅简单地屏蔽社交媒体网站，则不再能保证平台的安全。因此，内容过滤工具将成为一个非常重要的警报器，它可以防止你的机密数据泄露出去。

● 考虑使用DLP软件以及实行限制程度更高的IT政策，这样就可以放心使用那些要求访问企业资产数据的SaaS解决方案了，同时还可使用那些经IT验证后的运行最新的DLP扫描软件的电脑。

● 对你的IT员工进行有关云计算的安全风险及操作工具培训。合格的IT员工将保护企业的敏感信息和机密信息不受侵害，同时将会成为企业实施政策和技术解决方案的最后执行者和守卫者。

[①] Vance, "What You Really Need to Know about Cloud Security."

7.4 云整合

在今天的私有和公共云环境中，典型的云架构包括了内部数据中心、存储、应用程序和云端供应商（PaaS、IaaS以及最普遍的SaaS）等构成要素。图7.2展示了当今企业通过一个不同的整合方式是如何轻松地做到在多个地方进行信息存储的。

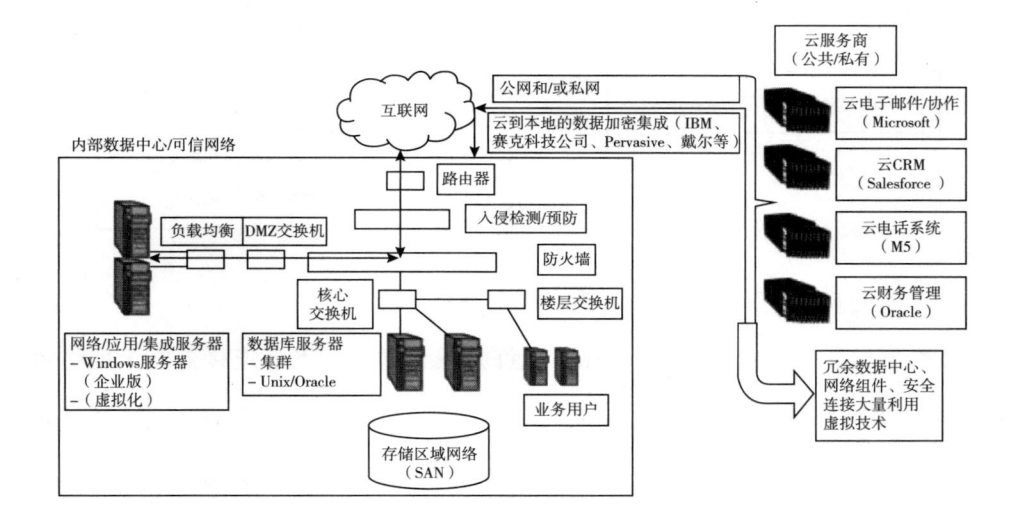

图7.2 云架构

云整合

云迁移要求新的整合方式。以下供应商提供了一些帮助整合迁移的新工具：

- IBM：Cast Iron

- 戴尔：Boomi

- Software AG：WebMethods

- Pervasive：数据整合器（Data Integrator）

图7.3显示了整合战略、工具和途径的变动情况，并强调了如何应用新的企业整合服务总线中的中间件解决方案。这些解决方案通过同一种工具（必要时需加密和保持实时）将云端到云端、云端到本地数据中心以及本地数据中心到本地数据中心实现安全连接。

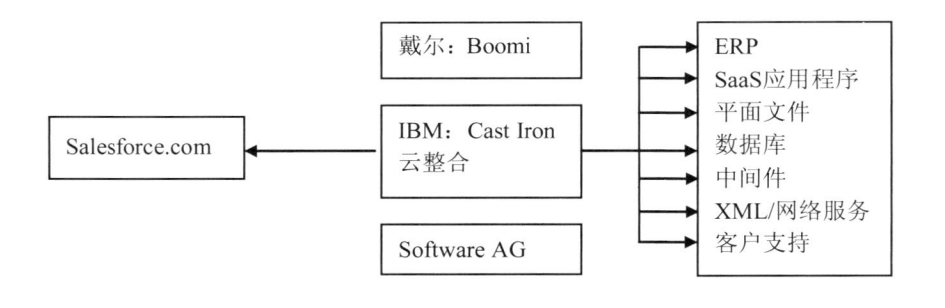

图7.3　云整合

云整合工具（如IBM的Cast Iron）允许开发者通过一系列连接器安全地将解决方案整合到一块。很多情况下，购买一个整合工具（如IBM的Cast Iron或是戴尔的Boomi）就是购买一个适配器，这不仅仅是因为该软件允许在云端和本地数据中心进行系统间的整合业务流程开发。Cast Iron为很多领先的ERP软件供应商（如，甲骨文、微软和Salesforce等供应商）供应适配器。这些适配器（连接器）能够通过新的

整合技术将那些由云端供应商解决方案提供的预建网络服务连接起来。

整合可以是预期安排好的，也可以是实时的。例如，我指导和管理下的某个团队已经开始使用类似的工具，并成功进行了实时整合，并且加密整合了一个Salesforce的CRM SaaS云端产品以及用于Oracle Financials解决方案的一个私有云托管产品。它作为经过认证的解决方案软件是明码标价的，其价格中包含了年度维护费用。而且该软件能够同时在虚拟装置和物理装置上运行。到底是使用虚拟服务器还是使用物理装置上的云端，这主要取决于预期的整合量和负荷。

此外，我还就云计算及相关风险的看法咨询过管理人员和CIO专家组。我们在下面的CIO调查问卷里可以找到他们给出的答案。

CIO调查

你在你的企业里是否使用云计算服务？如果使用，是公共云还是私有云？

● 是的，目前我们在云端上有一小部分应用程序，但是我们还没有一个整批云迁移的战略。总体上讲，我们大多数的应用程序还仍由本地数据中心托管。我们对所承担的新项目所做出的任何决策都是基于对商业要求、支持和管理等主要因素考虑的。也就是说，我们找到的解决方案都应当最大程度地契合我们的需求，不管是云端、SaaS还是某一个托管模式。我们的一项分析结果表明，云端的修复性、可行性以及支持性常常被其不确定性、高成本及实际的支持水平所抵消。因此，一个企业的实际规模和实力是我们决定是否使用云服务的非常重要的考虑因素。如果企业小，员工少，那么采用云服务就显得比较牵强。

● 我们既使用公共云也使用私有云。其中，对发给国外办公室的电子邮件，我

们使用私有云服务。

——安妮·托普（Anne Topp），世界自然基金会CIO

● 是的，已经开始启用了。

● 公共云资源和私有云资源都在使用。

——大卫·斯沃茨（David Swartz），美利坚大学CIO

● 是的——这对保持竞争力是绝对重要的。

● 公共云和私有云都在使用。

——乔尔·施瓦尔贝（Joel Schwalbe），CNL Financial Group CIO

被询问的大多数CIO的答案都是肯定的。

实施云服务的首要驱动力是什么？

● 节约成本。

● 在[企业]外部管理，某些特殊功能会表现得更好。

● 与外部商业合作伙伴一起参与商业活动时，最好是站在中立的立场上进行管理。

● 对有限附加风险功能进行内部试验。

——马丁·冈伯格（Martin Gomberg），A&E Networks前首席信息官、高级副总裁兼全球业务保护总监

● 解决方案（云基础通用版）进入市场的速度。这样的云服务不仅能够提供

75%甚至更多的系统功能，而且其使用起来成本更低、管理风险和预期变化更少。

● IT所没有的、未能有效实现的或不能保持的一种成本效率能力。

● 价值和风险低但运行成本高的商品服务。例如，帮助平台、运输管理甚至是数据处理等解决方案都可归类于此。

——埃德·安德森（Ed Anderson），世界宣明会（World Vision International）全球CIO

● 效率。允许IT团队成员将关注点集中到战略增值方面，而非平台维护方面。

● 大幅缩减开发周期以及性能实施的时间框架。

● 降低灾难恢复或商业持续性对内部IT解决方案的依赖程度。

● 注意：财政节约并不在[选择云端的]前三位[考虑因素里]。

——乔尔·施瓦尔贝（Joel Schwalbe），CNL Financial Group CIO

你是如何消除对云服务存在风险的顾虑的？

● 作为一个知名企业的CIO，我们不断受到对网络的蓄意攻击，因此我必须不停地增加IT团队的新鲜力量，让他们专门负责应对安全问题。作为一个云端消费者，如果你选对了云计算企业，选对了安全与探测系统以及适当的处理程序，那么即使存在潜在的信息漏洞和成本问题，你仍将走在云端游戏的最前端。

——凯罗尔·F.诺斯（Carol F. Knouse），EduTuit Corporation高级副总裁兼COO

● 刚开始，我们先使用那些低风险的常用功能或云服务。这样做的好处是，除了可以获取使用这些功能和服务的价值以外，还可以学到其中的商业管理技能（SLA、合同条款等），同时还可以了解如何降低风险。现在，我们仍处于对云服务

的观察阶段，为的是使供应商最大程度地满足我们对安全程序与控制方面的要求。

——埃德·安德森（Ed Anderson），世界宣明会（World Vision International）全球CIO

● CNL的总顾问已建立了有关CNL信息保密的一套标准，任何云供应商都必须遵从这些标准，否则他们的服务就会被认为不合格。期间，CNL的IT部门参与了总顾问办公室对标准的拟定工作。在云端里存储或分享个人身份认证信息（如社保账号）是受限制的，甚至是不被允许的，这取决于企业具体的要求。

——乔尔·施瓦尔贝（Joel Schwalbe），CNL Financial Group CIO

很显然，云端市场在诸如SaaS、IaaS以及Paas供应商的带领下将逐步成为一个充满吸引力的全新的IT市场。

7.5 功课

云计算的产生绝非偶然，它的发展也必将成为流行趋势。因此IT专业人士和CIO需要改变他们对云供应商和解决方案的看法，况且你的客户也要求这么做。市场趋势、IT变化方向以及其他企业的发展动态都会对你的企业产生巨大的影响。因此，我建议大家对云迁移采取谨慎而逐步渐进的方式进行。以下是我所做的准备：

● 在制定云端战略之前，对云端供应商及其战略进行研究。所有打算采用云服务的IT领导者，在其行动前都需要了解这样做的先决条件及其风险。SaaS是最常用且最简单的云迁移方式。据我所知，我认识的大多数的CIO们都已采用了云服务，即使他们仍保留了少许在原有ASP模式下运行的应用程序。

● 几年前，我曾制定出一个云端战略，随后在对其他首席执行官进行云端风险和优势方面的培训后，正式实施了该战略。风险等级和风险承受度是判断信息在企业外部传播速度和程度的重要标准。所以说，在决定采用云服务之前，一定要进行认真研究，必要的话多向同事和本行业内最好的企业进行咨询。

● 之后，我对我所提出的整合战略进行了全面的升级，升级后的整合战略允许

用同一个工具即可实现云端到云端、云端到本地数据中心以及本地数据中心到本地数据中心的连接。

● 关注安全性问题。我更加关注新的安全政策、紧急事件应急措施以及进行内容过滤和获取DLP软件过程中的安全性。总之，在未来十年，安全性与整合是CIO进行云迁移过程中必须关注的主要问题。

7.6 攻略

本章建议：

● 对目前市场上那些处于领先地位的云端供应商进行认真研究。谷歌、微软、Salesforce、IBM、Rackspace、亚马逊、Box、Workday、EMC、Cisco/WebEx、SAP、Mozy、M5、DropBox、NetSuite以及Citrix。

● 在购买云服务之前，务必对候选云端供应商进行安全性方面的咨询。鉴于主流企业和大型企业在投资和兼容性方面更有保障，因此我个人喜欢先从主流企业和大型企业开始询问，而非小型的云端供应商。同时在选定某个云端供应商之前，企业还需要权衡风险。

● 向你的IT咨询顾问企业咨询有关云端供应商选择、合同谈判、SLA以及安全管理整合（因会涉及云计算）方面的建议。

● 与企业其他高管一起讨论并对本地数据中心、公共及私有云战略进行决策。反对风险的CIO会选择内部本地数据中心和SaaS解决方案以及安全整合到本地数据中心的解决方案。有风险意识的CIO会选择SaaS和私有云。而愿意冒风险的CIO则

会更多地将其应用程序、数据以及基础设施放置到公共和私有云上。开发和完善你的云端战略，使其成为IT战略规划的一部分，并与企业其他高管一起共享。

● 在云迁移之前，应当进行财务分析和ROI核算。例如，通过资本购买用于在本地数据中心安装的软件许可（与通过SaaS在云端上租用服务模式相对，含运行成本）。同时，还要了解预算和净收入方面的差异和影响。

● SaaS属于较低风险的云服务，而较高风险的云服务则是私有云模式下的PaaS和IssS。鉴于PaaS或IaaS对大型基础设施环境的投资较高，因此我建议CIO及其副手在确定投资PaaS或IaaS之前做一个详细的成本分析及ROI核算。在决定之前找到那个最适合你的方式，并且确保你已经考虑到了所有的持有成本（包括维护费用、员工开销以及收益）。

● 根据你的云端战略相应地对整合战略进行调整。IBM、Pervasive、Software AG和戴尔是我推荐的几家杰出的云端供应商。

● 储备云端人才，防止人才（高管人员和普通员工）流失。他们是不可或缺的人力资源，储备云端人才意味着你在日后无需延长系统的运行时间。此外，在企业的网站上及时发布有关SLA的信息，以此彰显你采用云服务的决心和透明度。

● 为了更好地跟踪你的数据流向，应当不断完善信息过滤工具并且考虑应用DLP软件。

● 与你企业的法律顾问一起探讨可能存在的风险以及可接受的风险。法律风险的存在可能会对你的IT技术、政策以及战略造成影响。数据风险在企业决策方面是法律问题，而在服务执行和监控方面则是技术问题，但无论是何种问题，都要避免出错。

● 由于实施云计算可能对你的风险类别和安全战略产生影响，因此一定要评估云端信息在个人设备上的使用风险（本书后续部分将着重讨论）。如果你使用个

人设备的频率较高，那么建议在个人设备上安装DLP软件和内容过滤工具。除此之外，还可考虑设置IP区间，以确保正在访问企业数据的个人设备处于软件许可的安全范围之内。所以说，正因为使用个人设备是一种能轻易窃取企业数据的手段，因此大家在使用BYOD之前切记要对其安全性进行确认。

08 IT消费

与一个傻瓜争辩，只能说明你自己也是个傻瓜。

——桃瑞丝·M.史密斯（Doris M. Smith）[①]

---

① Doris M. Smith, Inspiration Quotes, www.inspirational-quotes.info/people.html （accessed October 6, 2012）.

让我以这个关于IT消费化的声明开启本章内容，该声明在我的IT产业圈中经常被同僚们提起："IT消费化极具挑战，它不但增加了风险，往往还增加了企业IT管理及整个技术管理的成本。"

8.1　消费渗透

当今，随着消费者设备的快速被采纳，它正影响着IT部门和整个企业。不久之前，IT企业和CIO还能控制这种局面：不允许在企业网络使用个人设备。而今天，这个情况有了180度的转变，消费者设备支持消费者而非IT和法务执行官。

据福雷斯特公司的报告显示，今天消费化是推动智能手机和移动设备选择的主要力量，其定义很简单。

- 设备选择权在雇员，而非企业或IT部门。
- 与雇员确认他们愿意承担的成本部分，选择在生活中或是在工作中使用设备（即使不是全部）。[①]

福雷斯特公司在最近一份由1 751位美国员工参与的调查报告中指出，自带设备办公（BYOD）是真实存在的，很大比例的雇员自己支付设备（48%）和服务

---

① Ted Schadler, "Consumerization Drives Smartphone Proliferation," Forrester Research, December 2, 2011.

（40%）的费用，但也有14%的雇员通过偿还薪水模式与其雇主分担后续的使用成本（见图表8.1）。[1]

"谁支付你在工作中主要使用的智能手机？"

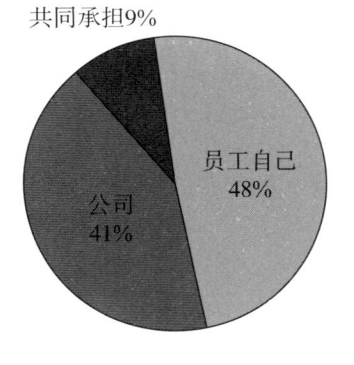

"谁来支付你在工作中使用的主要智能手机的月账单？"

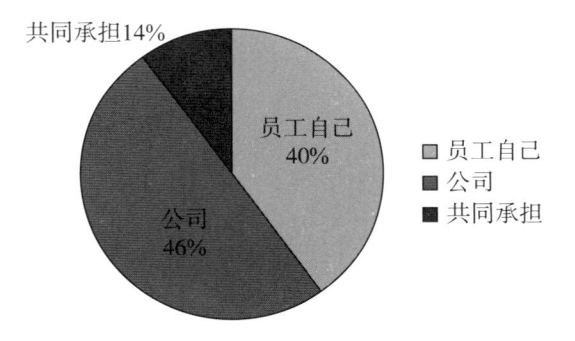

图8.1　今天BYOD已成为现实

资料来源：福雷斯特公司

　　消费者设备有各种各样的形状和形式。这里列举一些来自最具创新性的有趣制造商的最流行设备，包括如下：

---

① Ibid.

● 平板电脑。苹果的iPad是平板电脑的佼佼者。谷歌的Nexus7设备则极具竞争力，紧接着是亚马逊的Kindle、三星的Galaxy以及RIM的黑莓Playbook。惠普也重新返回了这个市场，发布了ElitePad900 Windows8平板电脑。在2013年诺基亚公司也准备发布Windows8的平板电脑，可在AT&T网络使用。平板电脑有各种不同的形状、尺寸和操作系统，从Windows到谷歌的安卓到苹果的iOS。绝对是因供应商和操作系统的混搭组合使得这些设备昂贵，而且很难支持IT部门。

● 笔记本电脑。传统的笔记本电脑仍然是那些频繁旅行用户的移动计算设备。我能看到将来平板电脑完全取代高配置的笔记本电脑做核心工作，但是只可能是在将来，而且有可能是以笔记本–平板电脑结合产物的形式。

● 笔记本–平板电脑的结合产物。惠普的Envy X2是一款11英寸平板电脑，并配备了一个键盘以及一些高档的配套效果，比如魔声音效（Beats Audio）、写字笔支持以及高分辨率显示。微软也使用了Surface的混合产物运行Windows 8操作系统。我期待在不久的未来有更多的混合设备投入市场。

● 智能手机。只要在任何搜索引擎里搜索"智能手机"，就能看到无数的供应商、产品、性能和操作系统。今天的智能手机，在过去称作PDA，是高性能的迷你电脑，能处理声音、数据、应用程序和视频。它们是今天市场上最普遍的移动设备，有着难以置信的增长势头。在本节后面，我将强调一些智能手机的具体流行趋势，因为它们持续性地主导消费者和商业专业人士对移动计算的选择。

这个市场变得极度的火爆和具有竞争性，主要依赖于消费者在有更新的模式出现在市场上时去不断更新他们的设备或模式。我不需要引用苹果iPhone来强调这一消费行为。我自己的孩子们就会在模式改进后更新他们的智能手机。

如何处理大量涌现的消费者设备？主要有三派观点：

（1）屏蔽任何非IT部门购买的、配置的、分配的或是支持的消费者设备。不愿承担风险的企业通常在对其测试、支持和购买的设备进行评估审查后才决定移动计算标准，并经常进行标准更新——保持传统的IT支持模式，"只支持财政本子上的以及企业所有的"。在多数情况下，高度规范化的产业里的企业都有针对设备的控制政策，因为监控、记录和信息必须符合特殊产业规范。财政金融部门就是这样一个情况，所以个人设备的引入进行得十分缓慢。

（2）允许特定的个人设备整合到企业中。这个模式推动了IT标准化进程，允许部分接纳由IT批准的新设备，但是只有经过测试和确认，这些设备能够很好地得到移动设备管理（MDM）软件的支持，并且不会因为缺乏特殊特性（如安全性）而给企业带来额外的风险。使用这种模式的企业通常会要求员工签署一系列的接受表格，表格上列出有关企业能做和不能做的条款，例如安装软件、监控设备以及如果丢失或被偷要完全删除等。这种模式下，IT部门的态度也从完全不支持到百分百支持不尽相同。

（3）BYOD——允许任何和所有个人设备使用企业的系统和数据，不管是在云端上还是通过企业的防火墙到可信的网络。有各种各样的政策选择程序来实施BYOD，从不需要任何员工签署承认书就允许所有个人设备连接到企业网络，或在连接系统之前要求员工签署协议（条款都是有利于企业而非个人）。

将消费者设备加入到企业环境的影响和意义如下：

● 设备的选择影响平台（例如，设备、操作系统、安全问题以及整合的容易度），IT部门可以将平台与系统和信息整合，以提高竞争力，并支持企业信息需

求。标准化（包括移动设备的标准化）的好处之一是，IT部门能够确保实施的设备得到适当的支持，并且整合进企业的系统中。而让消费者和员工选择他们自己的设备来运用并不总是有这种可能性。

● 移动设备的选择通常会影响企业对电脑的需求。一旦对移动计算BYOD大门打开，员工在工作时使用的电脑会有变化和扩展，向企业带入一个iPhone可能要求有配套的非标准的苹果电脑。

● 员工承担部分或全部成本的意愿，影响着企业内部预算和花销退还程序——多数情况下，这给会计部门带来了更多的工作量。在一个核心的IT标准下，IT部门通常要支付设备的购买和使用费用，对这些花销做集中预算，并集中按月支付或者从各部门有规律地扣除。将所有费用算在员工头上的BYOD政策，从成本角度讲，是最容易实施的。分担花销对企业如何预算和支付服务有着深刻的影响，通常要求每个部门和会计都对其移动设备的使用部分做预算，这是比只在一种集中IT标准方法下处理要多得多的交易预算。而且，这里面含有隐藏的花销，很多是与人工相关的，一个分担费用的BYOD项目包含了做预算和报销的人工和时间。我以前说过，"没有什么是免费的，如果有，那也不可能永远免费"。这句话也适用在这里，尤其适用于那些为个人移动设备购买和使用做部分报销的企业。①

以下的建议是在一系列文章中讨论过的，强调了今天IT消费化和BYOD对企业的管理技术和安全问题的影响。

消费化赞成派

● 根据福雷斯特公司的最新报告，"IT控制的智能手机配置时代已经结束。消

---

① Ibid.

费化是选择智能手机的主要推动力"。[1]

● 根据《首席信息官》杂志的一篇文章，BYOD将消费成本从雇主移到了雇员，有时候每个设备每月是80美元。该文章引用了一个对600位美国IT和商业领导者的调查，发现：

◆ 惊人的"95%"的被调查者允许在工作场所使用员工私有的设备。

◆ 移动设备甚至在已关闭的安全网络大门后面使用。瞻博网络（Juniper Networks）报告有超过4 000的用户和专业人士在使用这种模式的移动设备。

◆ 虚拟化技术巨头VMWare选择为其员工完全支付BYOD智能手机。

◆ 报告里最让人吃惊的是，所有在工作中使用个人设备的被调查者中，有41%没有经过企业的允许。[2]

● 员工的满意度和灵活度因BYOD而增长，因为员工能够使用他们想使用的设备。[3]

● 通常在消费化环境或BYOD环境中，员工可以在新产品一投入市场的时候就选择这些具有更先进性能的设备。[4]

消费化反对派

● 设备与系统的兼容性已经不由IT控制了。[5]

● 实施BYOD政策总是伴随有隐性的行政成本（例如，预算、花费跟踪或法务）。[6]

---

[1] Ibid.

[2] Tom Kaneshige, "CIO Challenge with BYOD: Don't Fall Down the Rabbit Hole," *CIO*, May 17, 2012, www.cio.com/article/print/706579（accessed July 20, 2012）.

[3] Tony Bradley, "Pros and Cons of BYOD（Bring Your Own Device）, *CIO*, December 21, 2011, www.cio.com/article/print/696971（accessed July 20, 2012）.

[4] Ibid.

[5] Ibid.

[6] Ibid.

● "当关系到数据授权方面，在遵守法律和所有权上总是有各种问题"，例如PCI-DSS、《健康保险便利和责任法案》（HIPAA）或者《金融服务法现代化法案》（GLBA）。[①]

● 安全问题和设备管理对IT部门而言更具挑战性，花费也更大，这是由于没有标准或是扩展标准引入BYOD。

根据高德纳公司的数据显示，消费化趋势"正在让IT部门抓狂"。报告指出，"今后几年的设备数量将超过IT部门保障企业安全的能力"。另外，MDM软件对那些使用了特定应用程序监控和管理的设备很有帮助，但是却"不是足够安全的渠道"。DLP软件可能是未来比较有前途的工具之一，有助于企业保护他们自己的数据，并在这个快速发展的流行趋势下允许个人设备在企业环境中使用。[②]

---

① Ibid.

② Matt Hamblen, "Consumerization Trend Driving IT Shops Crazy, Gartner Analyst Says," *CIO*, May 2, 2012, www.cio.com/article/print/705448（accessed July 20, 2012）.

8.2 移动设备消费

在今天的计算机环境里，市场份额是很重要的，尤其是移动平台和设备的市场。在本书的第一版中，我说到软件开发商是根据市场份额来写程序的。这仍然是现实，而且一些移动设备供应商在销售其产品时，引发出令人头昏眼花的财富（和市场份额）的逆转颠倒，也说明了这个事实。就在几年前，制造了黑莓智能手机的Research in Motion（RIM）还是顶级企业，似乎不可能有什么变故。在那个时候，大多数的CIO甚至还不能想象在他们的监控下会让一个个人设备击穿企业网络，深入系统和数据。

今天，RIM已经是苟延残喘了。它还没有完全倒闭出局，但市场份额却完全与之敌对了，而且软件开发商仍然只是针对市场份额来写程序。在2013年1月发布的黑莓10，是RIM夺回市场份额并生存下去的最后机会。就在那天我还和一个也有DLP产品的云安全供应商聊天，问他是否支持黑莓。他回答"还没有，而且我们也不能肯定我们在未来会针对黑莓继续推出产品"。我问他们是以什么次序开发产品的，供应商回答的很快："iOS（苹果）、安卓（谷歌）以及被远甩在第三位的微

软"。有趣的很，这与它们所占的市场份额排序很接近。

全球移动电话和智能手机的使用迅速发展，加速了IT消费化对全世界企业的影响，61亿的电话预定，而其中将近10亿是智能手机。[1]

这种爆炸式的增长也影响到关键的几家供应商，有些市场份额比例在上升，有些则在下降。表8.1展示了从2007年到2011年供应商的移动增长。谷歌的安卓设备和苹果的iPhone都经历了最显著的增长。[2]

表8.1　智能手机销售趋势

年份	安卓 （谷歌）	黑莓 （RIM）	iPhone （苹果）	Palm/ WebOS	Symbian （诺基亚）	Windows Mobile （微软）
2007		11.77	3.3	1.76	77.68	14.7
2008		23.15	11.42	2.51	72.93	16.5
2009	6.8	34.35	24.89	1.19	80.88	15.03
2010	67.22	47.45	46.6		111.58	12.38
2011	219.52	51.54	89.26		93.41	8.77

在可连互联网的设备的全球预期销售方面，包括平板电脑和智能手机，在2010年到2014年之间，平板电脑有望增长十倍以上，从2 000万到2.08亿（见表8.2）。[3]智能手机持续直线增长模式，从2010年的2.40亿到预期的8亿，呈现近三倍的增长。个人电脑预计会保持缓慢平稳的增长，从2010年的3.52亿到2014年的5.45亿。有趣的是，不管移动计算的主要趋势如何（到2014年15亿移动设备），智能手机虽然始终

---

[1]　Mary Meeker, "Internet Trends—D10 Conference," Kleiner, Perkins, Caufield, Byers （KPCB）, May 30, 2012, www.kpcb.com/insights/2012-internet-trends（accessed September 1, 2012）.

[2]　Jyoti Patodia, "It's Raining Tablets and Smartphones," Motley Fool, September 11, 2012, beta.fool.com/jyotiadvisor/2012/09/11/its-raining-tablets-smartphones/11794/ （accessed September 12, 2012）.

[3]　Ibid.

是设备首选，个人电脑却也始终保持第二位。

表8.2　平板电脑、智能手机与个人电脑的增长趋势对比

设备	2010年	2011年	2012年	2013年	2014年
个人电脑	3.52亿	4.09亿	4.5亿	4.95亿	5.45亿
平板电脑	2 000万	5 500万	8 000万	1.2亿	2.08亿
智能手机	2.4亿	3.5亿	4.5亿	6.5亿	8亿
总和	6.12亿	8.14亿	9.8亿	12亿	15.53亿

以谷歌安卓与苹果iPhone发布产品的货运量来比较二者的被采纳度时，安卓明显领先四倍。[①]

根据高德纳公司的分析，安卓操作系统设备在2012年的第三季度占了72.4%的市场份额，苹果的iOS占13.9%，RIM占5.3%，Bada占3%，Symbian占2.6%以及微软占2.4%。[②]我关注的IT咨询企业研究表明，占有主导地位的智能手机市场份额（高达90%），将会被安卓设备、苹果和微软瓜分。RIM是否能挑战微软第三的位置还是个未知数，但是我已进行了一点投资，作为黑莓粉我还是对RIM存有希望的。

玩具制造业也与移动计算搭上关系了。Toys"R"Us企业公布了一款为孩子设计的150美元的平板电脑，叫做Tabeo，它是一个七英寸屏幕，有无线网络连接，并直接装有50款供小朋友用的应用程序的平板电脑。[③]

---

① 　Meeker, "Internet Trends—D10 Conference."

② 　Harsh Chauhan, "Which Also-Ran Will Run the Fastest in the Smartphone Race?" The Motley Fool, beta. fool.com/techjunk13/2013/01/02/which-also-ran-will-run-fastest-smartphone-race/20414/?logvisit=y&published=2013-01-02&source=eptcnnlnk0000001（accessed January 3, 2013）.

③ 　Julianne Pepitone, "Toys R Us Unveils ＄150 Tablet for Kids," CNN Money, September 10, 2012, money. cnn.com/2012/09/10/technology/toys-r-us-tablet-kids/index.html（accessed September 9, 2012）.

市场上的行为变化也引起了移动计算的变动。一些近期的例子如下：

● 麦当劳。在法国巴黎的快餐食品连锁的客户，现在可以用智能手机或平板电脑来付费了。如果效果好，这项战略计划可能会扩散到33 000家或更多的连锁店。[①]

● 诺德斯特龙（Nordstrom）。诺德斯特龙的服装零售商有计划在店内全部实现移动，给雇员配备苹果iPod Touch和其他设备，能够直接刷信用卡。诺德斯特龙想通过开拓有价值的楼层给注册的用户使用以获得收益。[②]

● 百货商店和食品企业。根据《华尔街日报》的报道，美国食品企业通过将他们的产品和信息嵌入"触屏手机和平板电脑的简单诱人的游戏"中来拉拢小孩。[③]这些企业正在开发如小曲奇饼工厂、超级椒盐脆工厂以及冰淇淋制造这样的游戏让小孩子下载玩，试图以此来实现通过父母去购物的模式。制作一个成千上万次下载的游戏的成本，比起传统的在印刷品和电视上投放的广告有更低的获取成本，也能让企业试验用新的方法去接触潜在客户。

● 商贸。方形读卡器，在每次刷卡时都收取小比例的费用，如今已经在移动设备市场爆发式增长，允许小型和中型商业能够接收信用卡。我的出租车司机就有一个，我所住地区的小商业主们也都有。但是，这个系统只能用于安卓和苹果的iOS，而不是黑莓。记得前面讲到的市场份额吗？

这里只列举了几个例子，实际上这样的例子多的是。企业利用技术——具体说是移动、云和社交媒体技术——来增加财政收入、降低成本，从而更多地了解客

[①]　Doug Gross, "Fries from Your Phone: McDonald's Testing Mobile Payment App," CNN, （August 20, 2012）, www.cnn.com/2012/08/20/tech/mobile/mcdonalds-mobile-payments/index.html （accessed August 20, 2012）.

[②]　Rolfe Winkler, "Mobile Devices Hit Retail Pay Dirt," *Wall Street Journal*, September 18, 2012, C12.

[③]　Anton Troianovski, "Hook Kids on Mobile Games," *Wall Street Journal*, September 18, 2012, A1.

户，并通过设备和渠道去接触他们。

福雷斯特公司提供了以下对移动计算的预测：

● 到2016年将有10亿消费者有智能手机。美国消费者就有2.57亿，并有1.26亿的平板电脑。

● 苹果、谷歌和微软将占有全球90%的智能手机和平板电脑的使用平台。

● 运输企业将提供覆盖支持58亿公共无线网热点的无线信号。

● 在预期的美国2.57亿智能手机用户里，有2亿将使用个人设备工作。

● 到2016年，对移动的消费将达到1.3万亿美元，而移动应用程序市场将达到550亿美元。以每个应用程序平均2.43美元计算，随着更多的用户使用应用程序，到2015年将增长到560亿美元。

● 到2015年，商业在移动项目上的花费将增长一倍。[1]

准备好迎接这个持续性的火爆。现在让我们谈谈企业在未来将如何管理所有这些设备。这被称为移动设备管理，简称MDM。

---

[1] Ted Schadler and John C. McCarthy, "Mobile Is the New Face of Engagement," Forrester Research, February 13, 2012.

8.3 成本与安全性

随着BYOD和IT部门资源配置的结合，移动设备的使用和安全问题正在增长。能获得丰富的图像和视频信息的智能手机，比以往使用更多的带宽，也因此增加了使用成本——对个人和企业资产都增加了潜在的成本。电信运输企业正在使用更加复杂的网络以操控目前的和预期的数据增长，包括大量的视频，因为越来越多的人使用他们的智能手机看电影或重要新闻。

移动设备是人们查个人邮件、企业邮件、使用社交网络网站、与朋友视频电话、旅途使用GPS服务、看新闻、甚至是打电话等的主要途径。根据世界首列的互联网安全企业Websense，"对网络罪犯而言，你的社交媒体身份比起你的信用更有价值"。[①]如今更多的移动设备既是个人的也是企业的，安全风险也就包括了企业数据和个人数据。网络统计数据的重点是安全性的大问题，尤其是对美国的用户而言，理由如下：

---

① "Websense Threat Report 2012," *Websense Inc.*, 13.

● 美国是网络钓鱼式攻击的首要国家。

● 美国是恶意软件的首要温床。

● 美国是恶意软件改变方向转往其他网站的首要国家。

● 移动设备"在浏览网页查阅邮件内容时是受到威胁的，并且人类是整个链条里安全性最弱的一环"。据报道，51%的用户直接关掉其移动设备的密码和安全控制。

● 自安卓平台成为一个开放性的操作系统以来，任何人都能够对其进行更新，整个环境就充满着安全隐患。在Websense Labs所分析的200 000个安卓应用程序中，有一定比例是有恶意倾向的。

● 数据丢失和窃取始终是主要的安全问题。[①]

　　一些不同的战略方案正在市场上出现，帮助企业处理移动安全问题。设备管理软件、培养员工安全意识、设备密码、扩展到移动设备的内容过滤器以及DLP技术都是一些切实可行的机会。没有一个解决方案或渠道能确保机密数据和个人数据的安全。我想着重说一个在IT部门内部使设备更安全的重要工具：MDM。

---

① Ibid, p. 28.

8.4　移动设备管理

　　根据《首席信息官》杂志的报道，MDM（移动设备管理）软件能够让企业强制加密，设置并强制实施应用程序的政策，提供或撤销应用程序和数据，在设备丢失或被偷或是雇员被终止权限的情况下，还能将设备内存抹干净。产业里的很多人相信，MDM会在很短时间内从控制设备进化为控制数据。就BYOD而言，MDM对IT部门可能是无价的管理手段，因为IT部门设立的配置和安全性，只解决与企业相关的信息和应用程序。直截了当地告诉BYOD用户他们无法在其设备上使用iCloud或是AppStore将会很困难。而MDM使IT能够控制数据和应用程序，并确保企业数据不会流入个人应用程序和服务（例如DropBox）。[①]

　　对黑莓而言，黑莓企业服务器是黄金标准MDM应用程序，为移动设备的配置和执行设有超过500条的个人政策。尽管RIM在市场份额和MDM中采取的是一次性领导模式，但那些采纳BYOD以及其他设备或系统的企业，仍需要寻求能够保障信息

[①]　Thor Osavsrud, "For BYOD Best Practices, Secure Data, Not Devices," *CIO*, July 17, 2012, www.cio.com/article/print/711258 （accessed July 20, 2012）.

安全的解决方案。福雷斯特指出了当今的MDM解决方案所必需的至关重要的功能:

● 按时间表计划的及以事件为基础的行动。

● 对安装的应用程序、安全设置和配置有实时的信息清单。

● 远程控制。

● 自助服务门户。

● 安全管理,包括个人验证号码(PIN)的加强、密码、抹掉数据、数据加密以及ActiveSync设备限制(为防止用户在未经IT批准就进入企业网络)。

● 应用程序购买限制。

● 高级监控、警报和上报。[①]

关于移动设备安全方面的内容我可以写一整本书,但我更愿意引用福雷斯特公司有关供应商和产品的推荐目录来总结此节。

现有的老江湖

● Good Technology

● Microsoft ActiveSync

● RIM

● Sybase

革新者

● AirWatch

---

① Christian Kane and Benjamin Gray, "Market Overview: On-Premises Mobile Device Management Solutions," Forrester Research, January 3, 2012.

- BoxTone

- MobileIron

- Zenprise

有些供应商销售预置和托管解决方案。不是所有的供应商都能为所有的主要产品提供移动平台支持，其中包括安卓、iOS、黑莓、Symbian、Windows Mobile/CE/Phone7以及WebOS。你需要小心地开展研究，如果有可能，在购买之前先测试一下MDM产品。

我询问了我的IT执行咨询团队，让他们说说对IT消费化的看法。他们对如何处理日益增长的移动流行趋势的答案都放在了下面的CIO调查里。

CIO调查

就IT管理而言，个人设备的消费化是否影响到你？

- 在我们的基础设施上，不允许使用个人设备，所以目前对我没有影响。当我们开始研究BYOD的成本、对企业的影响和其他牵扯时，这将成为我们管理程序上的一个讨论。管理层在成本对决风险上不得不做出一个决策。

——埃德·安德森（Ed Anderson），世界宣明会（World Vision International）全球CIO

- 是的，有影响。随着人们带着越来越多的设备到工作中来，并要求使用它们登录工作信息，管理这些设备和那些流入设备的数据简直是个噩梦。我们目前主要是让他们使用个人设备登录企业邮件系统，但是也还没有任何的管理办法。

——A.穆拉特·曼迪（A. Murat Mendi），Ulkdar Holding CIO

● 绝对有。就在几年前，大部分的数据还只是基于在企业资源或设备上，而现在早已不是这样了。因为需要随时随地使用，任何设备都能获取使用数据，安全管理已经有了翻天覆地的变化。但是，我不确定商业执行官对安全问题的看法是否也适时地改变了。当IT部门认为企业数据现在已经储存在太多的个人设备上时，我相信很多商业领导会对数码信息的安全问题存在错误的概念。

● 这是消费化的时代，不只是设备的消费化，还包括了服务的消费化。DropBox及其他商务文件分享技术使IT保卫数据安全变得很困难。针对到底分享了什么信息及与谁分享，几乎没有什么管理，也很难分辨。商业电子邮件通常是同步化、转发或下载到个人电子邮箱账户的。远程获取使用技术诸如Citrix，允许员工从其个人设备上下载文件。U盘能从商业设备传送万亿字节的数据到个人设备。

● 可能存在某些工具能让企业锁住整个计算机环境，但其成本的确是高昂的。例如支持成本以及其所引发的灵活性缺失，都会影响企业风险承受能力。每一个企业都不得不确定自己的风险承受等级，然后再制定一个适合它的管理机制水平。

● 消费化的新时代将会使商业重新思考他们如何做生意，以及他们对数据的保护要到什么级别。这不是一个IT决策。IT的角色将会有助于确认弱点、让商业了解风险，然后实施技术解决方案降低这些风险。在这个新世界里，技术解决方案需要与人力资源、法务部门以及金融财政部门的战略结合起来实施。

——安妮·托普（Anne Topp），世界自然基金会CIO

● 是的——最大的问题就是安全。当使用个人设备接触企业IT资源时，我们是如何确保不被感染上病毒或是其他问题，尤其是考虑到个人设备会到网络上下载大量的资源？我们对此的控制方式是我们已经有了一套经批准可以使用的设备对比控制，只有这些由企业提供和具备安全措施的设备，才能使用和接触企业资源。

——凯罗尔·F.诺斯（Carol F. Knouse），EduTuit Corporation高级副总裁兼COO

● 是的，会影响，除非是有适合的工具、政策和安全保卫各就各位，随时启动。CNL是很早几个采用MDM软件的企业之一，并且已对该软件运行超过18个月了。我们正在转入BYOD的环境，而且我们坚决支持BYOD，尤其是当合伙人签署了一个释放弃权，并允许特定的软件安装到他们的设备上以保护CNL的内容。

——乔尔·施瓦尔贝（Joel Schwalbe），CNL Financial Group CIO

● 是的。我还没有转入BYOD模式，尽管我们现在比以往对批准技术更加灵活了。我现在考虑一个以押金为基础的储存模式，在这种模式下，雇员能够获取并拥有批准的技术，在设备被回收前根据级别收押金并做极少的扣除。像这样的措施能够节省成本，将毫无意义的逆向要求减到最少，并且与BYOD的战略也不矛盾。理论上，通过给予个人选择权去分配押金，让他们看到是否与升级、桌面或是移动技术匹配，然后通过用个人预算进行管理，甚至可以平衡个人花费。让我们期待是否能让这种类型的模式得到批准实施。

——马丁·冈伯格（Martin Gomberg），A&E Networks前首席信息官、高级副总裁兼全球业务保护总监

通过我的IT执行官咨询团队给出的看法，以及基于我与其他CIO的讨论，在企业环境允许和支持个人设备的问题上，很明显没有什么简单持久的答案。很清楚的是，消费者和个人设备对CIO和IT的影响在今天已经存在了，而且预计在未来会对购买、支持和安全造成更大的影响。

为应对这场战斗，CIO需要做好准备，从设备管理的角度去战斗，但是从BYOD的角度去输掉战斗。对移动计算使用的大门已经敞开，流行趋势十分清晰：社交媒

体、云计算，发生在今天的移动设备市场（例如，智能手机和平板电脑）的快速革新，正沿着清晰的趋势走向移动计算。这是以前的遗留问题。CIO需要将移动整合进他们的战略中，找到允许个人设备和安全性的平衡。目前在这个问题上没有十全十美的方案。

8.5 功课

为实现IT消费化我做了如下准备：

● 研究和采纳了今天移动设备的新趋势和度量标准，适当的时候将信息加入我们的IT标准。

● 接受BYOD，但是开发一些清晰的限制因素来支持财政的赔偿。

● 开发移动战略作为IT战略计划的一部分。

● 开发平板电脑测试，集中时间和精力实施专门为移动设备开发的移动应用程序。

● 调查MDM工具，提前打造实施解决方案。

● 说明对企业和个人设备的支持和SLA。

● 重塑企业安全政策，开发一项新的应对紧急事件计划（IRP），其中包括针对敏感数据丢失或窃取的条款。

● 保留更高级别安全性的选项，包括DLP。

● 在实施测试和安装前，研究MDM解决方案。

8.6 攻略

本章我的建议如下：

● 与你的法律顾问合作，开发一个风险保障方案，采用适合的技术和政策。那些愿意考虑个人设备和BYOD的企业，在做了全面综合的成份和风险分析后更应该如此。政策沟通应该通过法律顾问和CIO完成。风险的评估是一个法律决策，而非IT决策。CIO对达到企业风险保障方案的管理控制负有责任，不是对决定方案负责任。那是法务部门的工作。

● 开发一项移动战略作为你IT战略规划的一部分。

● 作为你的移动战略的一部分，仔细制定或修改你的平板电脑战略，确保能明确与BYOD计划的任何交叉。我相信笔记本混合式的平板电脑将作为商业和大型企业切实可行的选项出现，这样的商业和企业往往关注管理性、安全性、性能表现以及最重要的与遗留和支持性应用程序的兼容性。其中著名的有苹果iPad、戴尔XPS以及微软Surface。随着其他的类似产品进入市场，要仔细对它们进行评估。在维持设备管理灵活性上，一个更保险的战略有可能最终成为多设备标准，以满足用户要求。

● 开发一项安全性战略，尤其是围绕和针对移动设备（企业以及个人存有企业数据的移动设备）。必要的时候，升级你的安全政策和程序，针对新的安全风险培训你的员工。对设备的安全性考量要逐渐转变到对数据考量上。

● 研究实施MDM工具，作为管理移动设备的工具箱的一部分，包括不属于企业的个人资产。AirWatch、BoxTone、MobileIron以及Zenprise都是顶级产品。Good Technology、Microsoft ActiveSync、RIM以及Sybase都很著名。有些供应商销售预置和托管解决方案（hosted solutions）。评估哪一种对你和企业是最好的。不是所有的供应商都对其所有的主流产品提供移动平台支持，包括安卓、iOS、黑莓、Symbian、Windows Mobile/CE/Phone7以及WebOS，因此仔细审查你的研究，可能的话，在买之前试验下MDM产品。

● 明确支持个人设备，而且坚持这一点。不要设置你做不到的SLA预期，尤其是如果你在为第一级和第二级提供支持的IT资源数量受限制的情况下。

● 在分配给BYOD的预算和花销上，寻求简化的内部政策。总有简单的方法和困难的方法。困难的方法随着时间、劳动力和审计处理交易的数量的增长将逐渐显现。

● 考虑使用DLP软件来警告企业的关键部门（法务、金融财政、人力资源和IT）关于企业信息的丢失或窃取——内部的或非内部的。移动计算对今天的CIO和CISO而言是一个迅速激增的安全问题。

● 福雷斯特以及其他IT资讯企业，针对平板电脑在企业的有用性以及它们是否能够替代或增强由IT部门提供和支持的计算机装置，还是有些不错的研究的。平板电脑和智能手机的增长数量以及未来笔记本电脑的预期反弹，都揭示了没有什么设备无所不能。福雷斯特有些极棒的研究报告，曝光了平板电脑（比如iPad）的真实和有价值的使用、成本以及它们是否是员工携带的主要设备，连同智能手机和笔记

本电脑。我常看到员工三种设备各有一个：一个个人智能手机、一台企业笔记本，再加上一台个人企业混用的平板电脑。在工作场所用这样多的设备绝对是高成本。而且丢失机密数据的风险也更高，尤其是当所有这些设备，不管是企业的还是个人的，都连入企业的技术系统中。

关于本章的内容我就谈到这里。这些研究，对那些要采用新技术，却又无需支持且保证安全性上花费的人而言，绝对是很好的资料。

09 社交媒体正在改变世界

真正的探索旅行不是要坚决搜寻新大陆，而是要拥有新眼光。

——马塞尔·普鲁斯特（Marcel Proust）[1]

①   Marcel Proust, Inspirational Quotes, www.inspirational-quotes.info/imagination.html（accessed October 11, 2012）.

对社交媒体最好的解释是，它是一种在网上的对话，通过使用一系列的工具，例如文档、音频、视频和图画来交流。有些人说社交媒体是沟通传媒的未来。这个领域的领导者，诸如Facebook和LinkedIn企业，为网络空间建造了社交平台，这里人们可以私下或公开分享他们自己的信息。

9.1　社交媒体的门类

社交媒体的门类有很多，主要归类为以下几种：

● 社交网络。Facebook、Google+、LinkedIn、Twitter等允许用户搜索、联系其他个人或团体并以私密或开放方式分享信息（例如兴趣、联系人或公告），被称为档案设置。Facebook的"喜欢"按钮允许用户表明他们对内容的喜爱，即使只有正面的，而Twitter允许一次发给"追随者"140个字。

● 社交分享。YouTube、Snapfish、Flickr等使用户公开或私密地分享特殊形式的内容，例如视频或图片。

● 社交新闻。如Digg和Newsvine这样的网站发布最新消息话题，让用户对文章评分或评论。

● 社交书签。如Delicious和Reddit的网站允许用户寻找并标记感兴趣的信息，在任何有网的地方都可以登录，并与他人分享。

社交媒体的使用在近些年爆发，并已经从社交对话变为相关商业的模式。企业正

在使用社交媒体与潜在和已有的客户联系，并进行社交媒体宣传，以推进品牌、任务等的知名度，或只是简单地为了卖更多的产品。以下（重复第二章的内容）是一些有关当今社交媒体和网络增长趋势和统计的数据：

● 2011年，使用社交网站的美国人中，有68%的人认为没有任何网站能影响他们的购买行为。

● 2012年，有47%的美国人认为Facebook对他们的购买行为有很强的影响力。

● 有33%的Twitter用户很可能来自民主党。

● 45岁～54岁年龄段的人群是使用社交媒体人数增长最快的人群。

● 约54%的Facebook用户使用移动计算设备登录浏览其网页，有33%的用户将Facebook作为主要上网途径。[1]

一些附加的最近研究统计数据如下：

● 社交媒体已经超过色情内容成为互联网上的第一活动。[2]

● 五对夫妻中有一对是在网上认识的。[3]

● 五对离异夫妻中有一对是由于Facebook社交的原因。[4]

---

[1]　Tom Webster, "Why Twitter Is Bigger Than You Think," Edison Research, April 24, 2012, www.edisonresearch.com/home/archives/2012/04/why-twitter-is-bigger-than-you-think.php （accessed August 3, 2012）.

[2]　Belinda Goldsmith, "Porn Passed Over as Web Users Become Social," Reuters, September 16, 2008, www.reuters.com/article/2008/09/16/us-internet-book-life-idUSSP31943720080916 （accessed October 6, 2012）.

[3]　"Stay Up to Date: Introducing the Official Match.com Blog," Match, blog.match.com/2010/05/17/stay-up-to-date-introducing-the-official-match-com-blog （accessed October 8, 2012）.

[4]　Tony Cooper, "One in Five U.S. Divorces Fueled by Facebook, Social Media," *San Diego News*, March 1, 2011, local.sandiego.com/news/one-in-five-u.s.-divorces-fueled-by-facebook-social-media （accessed October 6, 2012）.

- 大约69%的父母与其子女在社交媒体网站上是"朋友"关系。[①]

- 拥有最多粉丝的前五大Twitter账户是Lady Gaga、Justin Bieber、Katy Perry、Rihanna和Britney Spears，分别拥有2 980万、2 840万、2 710万、2 600万以及2 070万粉丝。奥巴马总统排第六，有2 030万粉丝。[②]

- 如果将维基百科做成一本书，将有225万页。[③]

- 大约90%的消费者相信同事的推荐，只有14%相信广告。[④]

- 大约93%的市场推广人士为商业目的使用社交媒体。[⑤]

- 大约25%的世界20大品牌的搜索结果与用户生成的结果相关联。[⑥]

以下是一些来自Milennial Branding和Beyond Multi-Generational Job Search Study的与工作相关的社交媒体统计数据：

- 通过网上搜索找工作，展示了每一代人的惊人数量：婴儿潮一代（96%）、X一代（95%）以及Y一代（92%）。

- Google和Google+对Y一代和X一代而言是更受欢迎的社交网络，而LinkedIn则是婴儿潮一代的首选。

---

① Liberty Mutual, "Mamapedia Voices," Mamapedia, www.mamapedia.com/voices/placeholder-liberty-mutual（accessed October 13, 2012）.

② Twoplist—Global, Twopcharts, twopcharts.com/twoplist.php?source=gl（accessed October 13, 2012）.

③ Erik Qualman, "39 Social Media Statistics to Start 2012," Socialnomics, January 4, 2012, www.socialnomics.net/2012/01/04/39-social-media-statistics-to-start-2012（accessed October 13, 2012）.

④ "Global Advertising: Consumers Trust Real Friends and Virtual Strangers the Most," NeilsenWire, July 7, 2009, blog.nielsen.com/nielsenwire/consumer/global-advertising-consumers-trust-real-friends-and-virtual-strangers-the-most（accessed October 13, 2012）.

⑤ Michael Stelzner, "2011 Social Media Marketing Industry Report," Social Media Examiner, April 7, 2011, www.socialmediaexaminer.com/social-media-marketing-industry-report-2011（accessed October 13, 2012）.

⑥ Chris Aarons, Andru Edwards, and Xavier Lanier, "Turning Blogs and User-Generated Content into Search Engine Results," *SES Magazine*, June 8, 2009, 24–25.

● 一个工作的搜索长度对婴儿潮世代是最好的，接着是X一代和Y一代，25%的婴儿潮一代期待超过一年。

● 所有这些年代出生的人花在工作搜索上的时间是每星期5～20小时，19%的婴儿潮一代每星期花20～30小时。[①]

对社交媒体的主要使用者有大量的使用统计数据。根据GlobalWebIndex，当Facebook在美国处于明显的领先地位时，Google+在BRIC国家（巴西、俄罗斯、印度和中国）却很受欢迎，有38%的用户在印度，29%的用户在土耳其，28%的用户在巴西，25%的用户在中国，25%的用户在俄罗斯——在2012年的第二个季度，用户每月至少有一次登录网站。

我读到了一个关于社交媒体十分好笑的评论："发生在拉斯维加斯的只留在拉斯维加斯，除非是被发到YouTube、Flickr或是Facebook上了。"这个始终提醒我们，互联网是一个传播信息的工具，就像野火一样——有好处也有坏处。我将在本章的后面强调一些由社交媒体助燃的最糟糕的灾难。

---

① Dan Schawbel, "The Multi-Generational Job Search Study," Millennial Branding, September 24, 2012, millennialbranding.com/2012/09/multi-generational-job-search-study（accessed October 13, 2012）.

9.2　社交媒体巨头

　　谁是社交媒体巨头？排名前列的社交媒体巨头是有利可图的，而其他的则没有。以Twitter为例，Twitter已经研究出如何将其5亿用户数据库资源转化为广告，增加收益，收益预计会从2010年的4 460万美元增长到2014年的8.07亿美元，见图9.1。与此同时，线下广告收益则在持续缩小。①

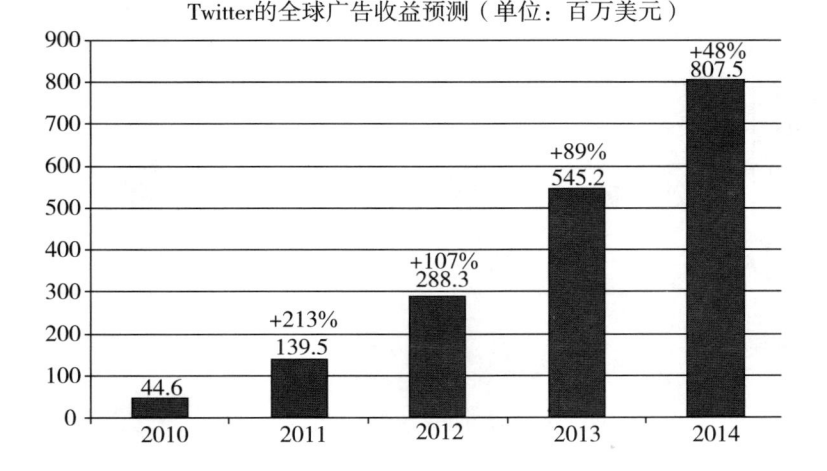

Twitter的广告收益本年度预期翻番

Twitter的全球广告收益预测（单位：百万美元）

图9.1　Twitter 2010–2014年全球广告收益预测

资料来源：eMarketer

---

① Felix Richter, "Twitter's Ad Revenue Tipped to Double This Year," Statista, September 13, 2012, www.statista.com/markets/21/topic/194/social-media/chart/608/twitter-s-global-advertising-revenue-from-2010-to-2014（accessed November 11, 2012）.

尽管谷歌在移动空间广告收益方面独霸一方，但一些其他的社交媒体企业也看到了其中巨大的利润空间。根据eMarketer.com调查显示，谷歌移动空间的广告收益最多，在2012年获得了15亿美元的收益，预计2014年将获得36亿美元收益。图9.2显示为谷歌与Pandora（2012年2亿美元收益、2014年5亿美元收益）、Twitter（2012年1亿美元收益、2014年4.25亿美元收益）以及Facebook（2012年0.73亿美元收益、2014年6.29亿美元收益）移动空间广告收益对比。[①]

Facebook移动广告收益预计将大幅提升

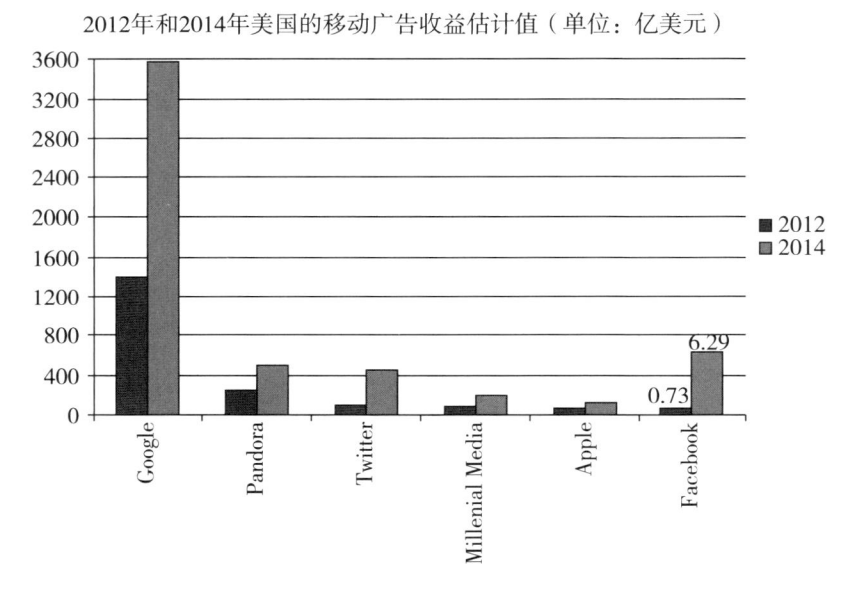

图9.2　美国的移动广告收益估计值

资料来源：eMarketer

基于我的研究，考虑到用户的数量、收益、全球影响力以及功能，我将全美前

---

① Felix Richter, "Facebook's Mobile Ads Are Expected to Take Off," Statista, June 9, 2012, www.statista. com/topics/751/facebook/chart/591/mobile-advertising-revenues-in-the-united-states （accessed November 11, 2012）.

十名的社交媒体列举如下：

（1）Facebook

（2）YouTube

（3）维基百科

（4）Blogspot

（5）Twitter

（6）WordPress

（7）LinkedIn

（8）Google+

（9）Instagram

（10）Flickr

9.3　世界的报道者

社交媒体平台和网站自其产生以来，在记录历史方面就起着举足轻重的作用。信息传播——文字通过Twitter，视频通过YouTube以及图片通过一些其他的社交媒体平台网站——速度是惊人的。我将强调三点问题，这三点问题同时改变了这个世界，改变了成千上万的记者和用户。

叙利亚的革命

根据宾夕法尼亚大学安嫩伯格学院传媒系（Annenberg School for Communication at the University of Pennsylvania）的研究，"社交媒体和用户产生的内容（UGC）——由公众成员拍摄的照片和视频——在对埃及、突尼斯以及利比亚革命的报道中起着非常重要的作用，但是这些主要还是帮助传统新闻对这些革命报道的补充。但是，在叙利亚，由于对外国媒体、外国记者的严密控制和拒绝入境，新闻单位几乎是全部依赖于社交媒体的UGC以及单位自己的UGC作为平台。"[1]

可以这么说，通过社交媒体公众对"阿拉伯之春"革命浪潮的报道，助燃了这

---

[1]　Juliette Harkin, Kevin Anderson, Libby Morgan, and Briar Smith, "Deciphering User-Generated Content in Transitional Societies: A Syria Coverage Case Study," University of Pennsylvania Annenberg School for Communication, March 2012.

个国家推翻政府的革命。社交媒体在叙利亚曾经起到了非常巨大的作用，现在仍然非常重要，因为那个国家唯一的外国记者媒体不太可能非法跨国界线。叙利亚公众对叙利亚革命的报道，展示了这些人想讲述他们自己故事的意愿。很多这样的故事被放到Facebook、Twitter，尤其是在YouTube上有大量的恐怖行动的视频。诸如叙利亚政府、朝鲜政府等，试图屏蔽互联网上的事件——内部和外部信息——这样到最后很有可能会偏离这些人的意愿，因为这些人将会找到其他方法将他们的故事讲出来。快递、数据钥匙、卫星传送以及手机录制的视频，都能在社交媒体上找到自己的舞台，而且如果火星足够大，还会像野火一样迅速传播，引起变革。

当然，社交媒体也是一把双刃剑，因为在这样的矛盾中有两方都在使用它。叙利亚政府和其支持者也在十分有效地使用社交媒体来维护局势的稳定。[①]叙利亚政府花了数十亿美元来监控网络和电子邮件活动，而且还试图关掉互联网，"切断电力和电话服务"。[②]反对派则通过转到代理网站上，采用没有被政府屏蔽的移动技术，对外传达信息。

在我写本章的时候，叙利亚反对派还在继续攻击叙利亚政府，而政府则在继续压制反对派。整个世界都袖手旁观，希望到最后，社交媒体能在推进政治民主的进程中发挥一点作用，就像突尼斯和埃及那样。

飓风艾萨克：新奥尔良

社交媒体在飓风艾萨克2012年袭击新奥尔良中起到了正面的积极作用。这座城

---

① Namo Abdulla, "Social Media and Syria's Revolution," Rudaw, December 20, 2011, www.rudaw.net/english/news/syria/4244.html（accessed August 31, 2012）.

② "Syria's Cyber Wars," Mediapolicy, June 1, 2012, www.mediapolicy.org/2012/06/syrias-cyber-wars（accessed August 31, 2012）.

市事先建立了一个网站和Twitter账户，将信息传送出去。^①州长办公室使用Twitter与公众交流并通知公众，当时发了如下的消息：

Gov@BobbyJindal:如果有必要，授权激活多达3 000名的洛杉矶全国卫兵（LA Nat'l Guardsmen）为艾萨克飓风做准备；今天有700名全职卫兵工作。^②

不幸的是，由于消息发得过于匆忙，用词并不总是那么合适。《公关日报》（*PR Daily*）上的一篇文章指出，前面一条信息应该如此措辞：

Gov@BobbyJindal: 如果有必要，授权激活多达3 000名的洛杉矶全国卫兵（LA Nat'l Guardsmen）为艾萨克飓风做准备，以确保我们民众安全，保护他们的财产；今天有700名全职卫兵工作。^③

在飓风期间，社交媒体在公众与政府之间的交流沟通中起着重要作用，甚至可能挽救了生命。

科罗拉多州的剧场枪击

去年最可怕的事件之一就是在科罗拉多州的奥罗拉发生的枪击事件，当时剧场在上映新的蝙蝠侠电影——《蝙蝠侠：黑暗骑士崛起》，枪击事件中有12人被杀，

① Matt Wilson, "How New Orleans Is Using Social Media to Prepare for Hurricane Isaac," *PR Daily*, August 28, 2012,www.prdaily.com/Main/Articles/How_New_Orleans_is_using_social_media_to_prepare_f_12519.aspx（accessed August 31, 2012）.

② Ibid.

③ Ibid.

另有38人受伤。①在社交媒体时代以前，公众要等到媒体或警方报道这样的事件。而有了社交媒体，该事件是实时报道。

根据CNN，"社交媒体对科罗拉多州枪击事件发布的消息，给人以震撼心灵的悲痛"。②一些消息甚至在枪击一开始就报道了出来。以下是其中发布的一些消息：

● "现在我在想那是从9号枪发出的子弹穿透了墙，发出了烟和焰火般的声音。#奥罗拉枪击#蝙蝠侠#枪击。"

● "我要哭出来了。好害怕。我需要一个拥抱。我好像被射击了9次。我本来也许可以活到50岁的。"

● "我看到了一个人的血从嘴里流出来，在喘着最后一口气。这不该发生。#16世纪枪击。"③

在现实生活里，社交媒体在人们的生活里起着重要的作用，并且由于数据似乎能在互联网上永远存在，这项技术便有助于在历史发生时记录历史。

社交媒体也有不好的一面。一名伊朗妇女Neda Anha Soltan在她的国家于2009年暴乱中被杀了，而她的照片在整个互联网上传播开来——其实那不是她的照片，而是一个有着非常相似名字Neda Soltani的女人的照片，而后者则因此受到了当局的调查，最后不得不逃离这个国家，离开一切——她的家人、她的朋友以及她的工作。在仅仅12天内，Neda Soltani的生活被一个小小的错误给彻底毁掉了，这错误就像野火一样大肆传播，而她无论如何努力纠正，都无济于事。

---

① John D. Sutter, "Theater Shooting Unfolds in Real Time on Social Media," CNN, July 20, 2012, articles. cnn.com/2012-07-20/tech/tech_social-media_colorado-shooting-social-media_1_shootings-last-night-twitter-user-social-media （accessed July 20, 2012）.

② Ibid.

③ Ibid.

9.4 使用社交媒体的企业

三四年前，当IT执行官谈到社交媒体时，他们往往会说到有多少社交媒体网站被他们的内容过滤解决方案屏蔽了，这样做只是试图将企业信息保留在企业内部并提高员工的工作效率。今天，那些不使用社交媒体平台、市场宣传和网站去服务客户的企业，都会在五年内被淘汰，或者至少是对于其竞争者处在绝对的劣势。IT和企业与今天的社交媒体结合的推动力很简单：社交媒体是你的广大客户之所在，也是他们将来和你交流沟通所使用的工具。

除了能在社交媒体空间卖广告给用户，或提供给人们闲暇时玩耍的网络游戏来挣钱以外，企业现在正在通过社交媒体增强与客户的沟通交流，并提供这个平台寻找新的客户和市场，为他们提供更多的支持和服务。

福雷斯特公司的数据表明，CMO是今天企业里最普遍的领导社交主动性的执行官，但是作为技术和解决方案的实施者，CIO变得更加重要。"那些建立在社交网络中的活跃的企业，专注于解决商业和客户问题，这样的企业正在取代那些传统的

企业。"[①]

福雷斯特公司发现，雇员使用社交网络浏览新闻（84%），为工作找点子（78%），为工作研究信息（77%）以及和朋友保持联络（75%）。见图9.3。[②]

"你使用社交媒体的主要原因是什么？"

（可选择所有适用项）

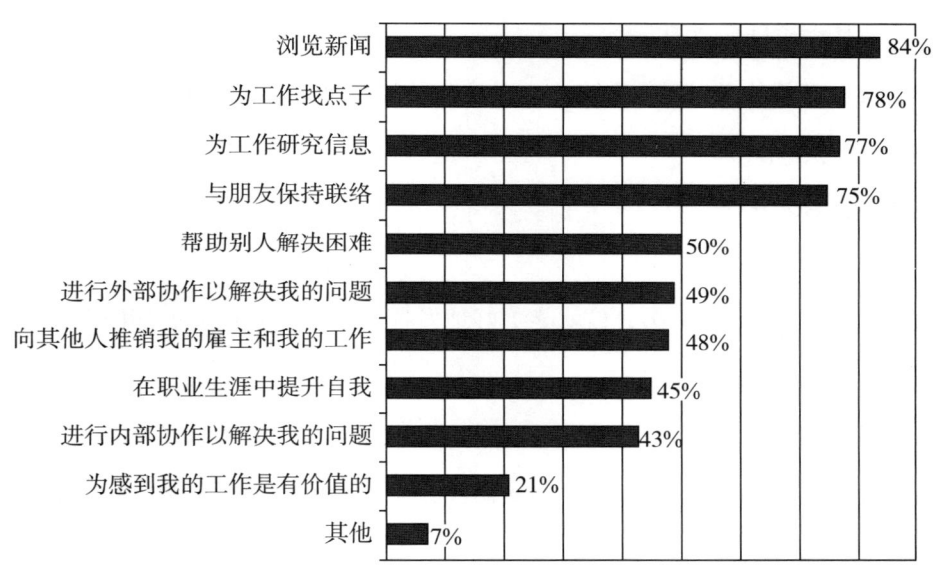

浏览新闻	84%
为工作找点子	78%
为工作研究信息	77%
与朋友保持联络	75%
帮助别人解决困难	50%
进行外部协作以解决我的问题	49%
向其他人推销我的雇主和我的工作	48%
在职业生涯中提升自我	45%
进行内部协作以解决我的问题	43%
为感到我的工作是有价值的	21%
其他	7%

调查群体：337位社交媒体用户

资料来源：2010年1月全球社交媒体在线调查

图9.3　员工在工作中使用社交技术以提高工作效率

资料来源：福雷斯特公司

福雷斯特公司在该报告中建议，CIO需要评估社交商业成熟度的现状，并开发

---

① Nigel Fenwick, "Social Business Strategy: An IT Execution Plan," Forrester Research, April 20, 2011.

② Ibid.

一个计划来帮助企业达到更高的成熟度。例如，Best Buy新开发了一个合作平台，使雇员能够通过分享信息和主意来解决客户问题。与CMO合作，IT应该做以下事情：

● 建立一个IT社交商业团队作为咨询组，针对企业如何能够使用诸如Yammer或者Twitter等社交媒体工具来解决商业问题。

● 为IT组织社交专题研究会。

● 新建一个IT领导力博客。

● 使用视频社交媒体渠道建立一个培训教室。Black&Decker使用视频为销售创建了一个学习图书馆。

● 对供应商使用以成果为基础的合同。[①]

在社交网络中走在前头，IT就能更好地发挥作用，与其他业务部门合作开展战略性的社交媒体活动。

今天大量的创新企业都在使用社交媒体技术。我在这里列出了一些，但要知道每天都有更多的企业在大步往前走：

● Top Shop。这个英国时尚企业开发了一个Facebook应用程序，允许使用者观看时尚秀，并实时购买他们在秀上看到的商品。

● Game Stop and Activision。Activision正在使用Salesforce's CRM和"服务云"更好地支持客户找到他们期待的媒介：社交网络。客户如果有问题，可以通过Facebook和Twitter到Game Stop（他们在网页上可以买到游戏）上提交支持要求。

---

① Ibid.

Game Stop紧密整合到Activision这个游戏制造商，如果店铺需要将支持请求递交到企业，还能与Game Stop无空隙合作。Activision甚至能够将解决方案推给客户，并通过移动电话视频聊天与其客户互动。

● Grey Poupon。这个企业使用特殊的社交媒体软件在Facebook上做宣传。

● Salesforce's Marketing Cloud product。这是一种新的网上市场推销工具之一，企业使用它能够快速地开发、实施并管理社交媒体宣传，并且不用在客户的电脑上安装任何软件。

● Red Robin。当Red Robin介绍其全新的Tavern Double汉堡线的时候，他们采用的是社交媒体。"这个460家餐馆的连锁店使用了类似Facebook的内联社交网络，从配方到以最好最快的方式制作的内容来培训经理。"①结果就是节省了收集信息和反馈的时间（之前都要在邮件中用螺旋装订的本子），从以前的几个月到现在的几天。很多其他的企业也正在使用类似的内联社交技术。目前我所在的企业也通过Salesforce的Chatter提升了社交媒体合作平台。

● eHarmony and Match。这两个约会服务企业都在挑战极限，在它们的网站上创造一个"爱情候选人"的社交社区。Match开发了一个应用程序，与Facebook合作，能在Facebook上浏览单身人士的照片，并在不离开社交媒体网站的情况下接收"眨眼"和短信。

● 奔驰A级。这个德国汽车企业制作了一个很酷的视频发布到YouTube上，作为社交媒体宣传的一部分，并让公众通过给企业发送一到两个推特（#藏或#逃脱）去决定广告中汽车追击画面如何结束。这个广告还在某个十分火爆的电视节目The

---

① Tim Mullaney, "Red Robin and Other Companies Are Using Facebook-Like Technology to Rethink the Old Way of Doing Things," *USA Today*, May 17, 2012,1A.

X Factor上播出。①

　　● Kellogg。这个企业开展了一个冒险的宣传，协同一家伦敦的实体店，允许人们用发推来代替金钱购买商品。这样做的目的是给企业带来口口相传的宣传效果，因此它让客户在发送的推中植入品牌，这样客户可以免费得到一排Kellogg的特殊K巧克力脆。②

---

①　　"The Top 10 Social Media Campaigns from the UK," Simply Zesty, October 13, 2012, www.simplyzesty.com/social-media/top-10-uk-social-media-campaigns （accessed October 13, 2012）.

②　　Ibid.

9.5　风险

无论是在生活中还是在商业中，使用社交媒体都伴随着风险。我将列举一些近期在社交媒体上快速传播的有关企业品牌失策的案例：

● 企业信息的安全性。企业的数据泄露并不是什么不寻常的事。越来越多的企业通过社交网络泄露和丢失了企业的信息。这样的例子包括雇员在社交网站上发布机密内容或关于上司的负面信息。如果你认为这是不寻常的，那么查一查Glassdoor网（www.glassdoor.com）就明白了。在搜索栏里输入你企业的名称，然后查看那些评论。

● 不恰当的信息和推文的传播势头如野火一般迅猛。现在到处都堆满了很多非常不好的推文和信息。美国总统奥巴马和其对手米特·罗姆尼（Mitt Romney）在2012年总统竞选的第一轮辩论中，KitchenAid发推文提到关于总统辩论的表现。其中说道，"奥巴马甚至知道结果会很糟糕！她在他成为总统的3天前死去。"[1]在向

---

[1]　"When Social Media Gets Ugly: The 20 Biggest Brand Disasters," Simply Zesty, October 11, 2012, www.simplyzesty.com/social-media/when-social-media-gets-ugly-the-20-biggest-brand-disasters（accessed October 13, 2012）.

该企业的24 000个粉丝发出这个推文后，它迅速将推文删除，并声明是一名员工不小心用KitchenAid的账户发出。

● 数据私密性和窃取。社交媒体网站被黑客袭击过，遇袭后的网站向黑客和公众暴露了所有个人和商业信息。处置这件事是十分艰难的，因为很多缺口是发生在社交网站内部的，并从这些薄弱环节暴露出去。DLP是一个很有前途的工具，与内容过滤解决方案一起，能够确定你企业里的数据在社交博客世界里将去向哪里。随着社交媒体技术的加速发展，这对一些IT资源而言已经变成全职工作。

● 时刻关注你的企业在社交媒体渠道上发布的内容和相关要求。企业不仅在社交媒体上就够了。实际上，这意味着企业的品牌——连同到企业雇员的快速渠道——通过一些社交渠道表现出来。维护内容、跟紧对话并总能恰如其分是很困难的。CNN金融预测发推文的机器人将在不远的未来被使用，协助完成企业社交媒体信息的工作。2011年，美国联合航空企业享有"在九大航空企业中社交媒体排名最差，且有55 000个负面推文"的"殊荣"。[①]社交媒体很快从与客户交流沟通的有效资源变为公关的噩梦，这个噩梦往往需要花费很多的资源对发生在企业社交媒体上的对话进行导向和管理，而且比预期花费在人工上的成本要多得多。

● 在线的虚假人物。你并不一定非要知道网上的那个人是谁。而且，别人可以很容易地在同一个平台上建立一个相似的社交媒体渠道，以你的名字向公众发布完全不同的信息。在那些虚假的网站破坏企业声誉和品牌之前，法务团队往往会先迫使虚假网站关闭。这个虚假人物还会影响到粉丝或那些"喜欢"你的社交媒体内容的人。不幸的是，那些躲在虚假人物背后并且故意搞破坏的人在互联网上确实存在。有时候企业不得不积极应对那些在网络空间发布破坏索赔或声明的情况。要知道这些破坏有可能会一直存在。根据CNN报道，8 300万Facebook账户是虚假和

① Ryan Holmes, "Here Come the Tweeting Robots," CNN Money, July 23, 2012, tech.fortune.cnn.com/2012/07/23/tweetbots（accessed October 13, 2012）.

复制的。①

　　以下是一系列受社交媒体影响或引发的最糟糕的品牌失策的案例：

● FedEx。一个由家庭安全系统拍摄下的视频，显示了一个司机粗暴处理一个电子包裹的过程。该视频像病毒一样传播，最后成为很多以"FedEx"结尾的笑柄。②

● Kenneth Cole。该著名的鞋子制造商试图占点流行标签的便宜，结果以下信息在埃及暴乱发生时适得其反：

"成千上万的人陷入开罗暴乱。有谣传说他们听说了我们的春季新品如今已可以在http://bit.ly/KCario-KC上购买。"

● Chrysler。一个New Media的合同雇员因以下这个在企业Twitter上的推文惹怒了Chrysler及其客户：

"我发现底特律以汽车城著名，而这里却没有人知道怎么开车，这很讽刺。"

● StubHub。该企业声称，在一个非常无礼的推文发布后，该企业被黑客袭击了，该推文如下：

---

① Heather Kelly, "83 million Facebook Accounts Are Fakes and Dupes," CNN, August 2, 2012, www.cnn.com/2012/08/02/tech/social-media/facebook-fake-accounts/index.html（accessed August 3, 2012）.

② "When Social Media Gets Ugly—The 20 Biggest Brand Disasters," Simplyzesty.com, October 11, 2012, www.simplyzesty.com/social-media/when-social-media-gets-ugly-the-20-biggest-brand-disasters（accessed October 13, 2012）.

"谢天谢地终于星期五了！等不及要从这个地洞里爬出去。"

● 多米诺披萨。2009年，在多米诺有社交媒体代表之前，它"发现在其位于卡罗莱纳州科诺弗的两名员工上传了一个视频到YouTube之后，企业的公共关系进入了非常糟糕的境地，视频里是在三明治被端出上桌之前，他们两人对着三明治做了很恶心的事情"。这个视频像病毒般疯传，而披萨连锁店也被立即置于防卫模式，做了相关措施来处理问题，包括一个来自多米诺总裁帕特里克·道尔（Patrick Doyle）的正式的视频声明。①

---

① Ibid.

9.6　社交媒体疲劳综合症

另一个问题是用户似乎已经对社交媒体企业Facebook感到厌倦。GlobalWebIndex作为全球对消费者行为深度研究的企业之一，认为"随着其他市场如印度、印度尼西亚和巴西的用户增长放缓，全世界最大的社交网络在更多市场中的互联网用户数量已经达到了饱和状态"。该研究指明"社交网络活动下滑，比如在美国Facebook用户短信朋友已下滑12%，寻找新的联系人下滑17%，加入组织的情况下滑19%"。[①]

在未来某个时候，这种新鲜过后的疲劳将会导致其他更加炫酷的工具出现，并将Facebook推下顶峰。随着IT趋势在市场中的走低，这不是有没有可能的问题，而是什么时候的问题。不相信我？还记得MySpace曾经如何火爆吗？

我们生活在一个疯狂的世界里，幸运或是不幸，都是社交的社会。这些工具、技术和流行趋势都在让企业思考创新的战略，来接纳社交媒体渠道和平台，同时还要保护他们的品牌和企业资产，包括企业的数据。

---

① "Facebook Fatigue Is Spreading but Social Media Is on the Rise, Says Internet Study," Next Web（GlobalWebIndex），February 6, 2012, thenextweb.com/socialmedia/2012/02/06/facebook-fatigue-is-spreading-but-social-media-is-on-the-rise-says-internet-study/?fromcat=all（accessed October 15,2012）.

9.7　未来的发展

在技术领域里有一件事总是对的，那就是没有什么能始终不变。MySpace几乎已经过时，而Facebook虽然在一些国家和地区还在增长，但也开始在一些特定用户和界面环节上变得不稳定，让人感到厌倦和疲劳。

据社交媒体管理系统HootSuite的CEO瑞恩·霍姆斯（Ryan Holmes）介绍，明年大家将看到以下七个社交媒体网络：

（1）Pheed。一个随时可充值的社交网络，主要针对明星、音乐人以及其他娱乐界专业人士。它提供收费项目让用户使用，使用户可以获取那些重要的信息。米莉·塞勒斯（Miley Cyrus）和帕丽斯·希尔顿（Paris Hilton）都是这个网站的用户。

（2）Thumb。一个允许大批量用户的众包网站，对"这件衬衫和这条牛仔裤搭配吗"这样的问题给出向上的大拇指或向下的大拇指（且可留言评论）。

（3）Medium。一个来自Twitter发明者的只接受邀请的社交媒体网站，在这里创造者与观众分享深层次的发人深省的故事。创造者是有限制的（只能通过邀

请），但是读者与观众却可以无数。

（4）Chirpify。买商品只用这个买，简化了结账的程序，这样整个交易就变得更简单，并且是通过用户的Twitter账户来执行。这个网站还可以用来募款、送出以及点对点的付费。该网站目前还是免费使用的，但是当有人付账时它将提取其中的5%作为佣金。

（5）Flayvr。该网站目的是要通过抢眼的"相册"对分享的照片和分享的视频进行收藏，并且使得这些相册很容易在HTML5的网页上分享。

（6）Chirp。该网站允许会员通过使用一种"小软件"，只需两秒钟即可将智能手机上的图片和信息发送到其他手机终端上。Chirps可在会议室里、嘈杂的酒吧内、高音喇叭上以及YouTube的嵌入视频中应用。

（7）Conversations。它来自Hootsuite的工具，通过允许团队实时合作的方式——在一个公共板上发信息将社交网络带入办公室。这对客户服务和市场团队而言可能就是突破性的工具，因为客服和市场团队目前都在使用即时短信工具，这与社交网络很相似，但是功能受到了限制。[①]

我问了我的IT执行咨询团队关于社交媒体的看法。这些真知灼见都收入在下面的CIO调查中。

CIO调查

你的社交网络战略是什么？作为你的社交媒体战略的一部分，具体用Twitter和Facebook做什么？

---

① Ryan Holmes, "7 Social networks to watch in 2013," CNN Money, January 10, 2013, http://money.cnn.com/gallery/magazines/fortune/2013/01/10/2013-social-networks.fortune/2.html （accessed January 11, 2013）.

● 大学里的社交媒体对联系学生和校友是至关重要的。我们从众多媒体中选择使用Facebook、Twitter和LinkedIn。我们将内容从我们自己的内容管理系统中推向网络，并广泛分享在社交媒体中。我们用它来帮助吸引新的学生，并巩固与校友的联系。

——大卫·斯沃茨（David Swartz），美利坚大学CIO

● （我们使用社交媒体是为了）方便企业内部的社交网络来联系和合作。（我们不）使用Twitter或是Facebook。

——瑞·伯纳德（Ray Barnard）， 福陆公司（Fluor）高级副总裁兼CIO

● 我们使用Twitter和Facebook做市场推广，而且企业这样做已经有一段时间了。最大的问题是确定这些工具的有效性。我们使用这些工具去联络新的募捐者，通知已有的募捐者，并将品牌推广的短信和内容发布到商业界。我想我们过于依赖使用工具，而没有重视综合的战略。

——埃德·安德森（Ed Anderson），世界宣明会（World Vision International）全球CIO

● 可惜的是，CNL是在一个高度规范的环境下运作，在这种环境中不允许使用社交媒体（SEC和FINRA规范）。我们最终也看到了这种变化，即社交媒体上的存档和电子探索应用程序将变得更加普遍，并逐渐被SEC和FINRA所接受和批准。

——乔尔·施瓦尔贝（Joel Schwalbe）， CNL Financial Group CIO

● 我们内部还没有正式依赖于社交媒体。我说"正式"是说我们的员工在用社交媒体与同事联系，我们通过政策和教育培训来降低这个领域的风险。从长远来看，我和我的同事们已经讨论过要在下一步采纳社交媒体的计划，将其加入我们的

企业传媒与合作的合理进程策略中。

● 从外部讲，我们有赖于Twitter和Facebook与我们的客户沟通并施以物质鼓励。这样的对话沟通是双向的，而且也试图从我们的客户那里收集一些对我们店面状况的看法和流行观念、客户在店内购物的体验以及我们提供的产品优惠。

——约书亚·R.杰威特（Joshua R. Jewett），Family Dollar Inc.高级副总裁兼CIO

实施社交媒体战略后对成本的影响如何？以及该战略对每年的财政收入如何？社交媒体是否值得投资，以及你能否很容易地量化ROI？

● 非常严密地跟踪监控我们的网络分析，看看我们在市场增长最快的社交媒体以及移动终端上产生了多少流量。

——大卫·斯沃茨（David Swartz），美利坚大学CIO

● （在这个时候要进行收益决策。）成本从200万到500万美元不等，而ROI还在建。

——瑞·伯纳德（Ray Barnard），福陆公司（Fluor）高级副总裁兼CIO

● 现阶段我们还不太清楚。但我们试图量化社交网络收益的影响，虽然我们还是将其视为做生意的成本（不管有无实际收益，我们都必须做的事情）。市场需要这样。

——埃德·安德森（Ed Anderson），世界宣明会（World Vision International）全球CIO

● 目前我们的投资是比较适中的，见解也很有价值，但是很难去量化。

——约书亚·R.杰威特（Joshua R. Jewett），Family Dollar Inc.高级副总裁兼CIO

你是否使用互联网内容过滤来限制员工在工作时间使用社交媒体网络，以避免生产效率和信息安全的损失？

● 不。大学是一个非常开放的环境。我们不过滤或限制员工、学院或学生。

——大卫·斯沃茨（David Swartz），美利坚大学CIO

● 是的。（我们屏蔽Facebook和Twitter。）

——瑞·伯纳德（Ray Barnard），福陆公司（Fluor）高级副总裁兼CIO

● 我们不屏蔽社交网络网站，但是赌博、黄色内容等都是被严格限制的。

——埃德·安德森（Ed Anderson），世界宣明会（World Vision International）全球CIO

● 是的，（我们屏蔽）但是最近决定撤销对大部分网站的控制。我们仍将测量视频流量，屏蔽大部分点对点（流量），但是我们将放开Facebook、Twitter。我们正通过政策和教育培训降低风险。

——约书亚·R.杰威特（Joshua R. Jewett），Family Dollar Inc.高级副总裁兼CIO

我采访到的一些CIO，他们承认其企业在有关社交媒体网络流行趋势方面、以及利用社交媒体丰富资源的战略方面，是非常落后的。对此我并不感到惊讶，尤其是在那些有严格规范的部门或是没有收益的部门中。但是，这也确实让我明白，在IT领域还有很多要做的，尽管对社交媒体技术宣传或市场推广工具的投资很难量化，但在不远的将来，这个决定仍然不可避免。

9.8　功课

社交媒体可侧重的领域非常大，也导致其变化非常快，我很难简单地列出一些我做的事情并推荐给读者。这里仅把我最近做的一些关于社交网络的事情列举出来：

● 我指导过很多关于市场工具和平台的研究。而且，了解其他企业如何使用社交媒体，有助于我和伙伴们思考一些在我们生活中和企业里使用社交技术的创造性方式。

● 我与我们内部传媒团队合作，将社交战略投放市场。

● 我在很多社交媒体平台上建立了账户。必须说明的是，并不是所有账户和公开的简介说明那就是我；我使用了别名，这样就不会遭到销售的轰炸，我的时间和工作精力也不会被那些大量无用信息占用而使我变得效率低下。要因为我的名字和职位对LinkedIn上的小伙伴们说抱歉了，我接到的销售电话实在是太多了。

● 我使用了福雷斯特公司提供的IT咨询报告和信息，指导我的内部同事们做战略规划工作。

● 我参加了社交媒体市场战略和软件展示会，了解新的解决方案是如何帮助企业更好地利用社交网络的。

● 我与内部法务部门合作，出台了社交媒体使用手册和技术政策。请特别注意该建议，并确保你的员工通过培训能完全了解这些政策。

● 我通过社交媒体平台来分享IT培训材料。

● 作为CIO，我每天使用来自Salesforce的社交媒体合作工具Chatter。

9.9 攻略

本章建议如下：

● 对市场上的工具和平台多做研究。请供应商到你的企业去展示他们的社交产品，作为一种在企业内部分享信息的方式，了解市场上都有些什么，其他的企业在做什么，等等。

● 在IT部门建立一个社交媒体团队，将最懂社交网络的员工搜罗到团队中来。分享关于企业（IT部门以及整个企业）如何能够升级社交媒体和改善程序，如何与客户更好地交流以及如何促进财政收入及捐款等信息。

● 与企业市场部和/或传媒组合作研究社交战略。认清IT并不拥有，而是期望在过程中发挥实施和咨询作用。

● 若你尚未使用社交网络，那就太落伍了。只需注册一个账户，完善个人资料即可畅游各类社交网站。如果你认为列出你的全名、职称和组织会带来不便，也可以使用别名。

● 善于利用福雷斯特等公司提供的IT咨询报告和信息来向你的同事提出策

略建议。

● 参加与社交媒体营销策略和社交软件演示有关的活动，以了解新解决方案如何帮助企业充分利用社交网络的力量。

● 关注企业有关社交媒体方面的政策。因时而动，随时完善和更新这些政策。使用互联网内容过滤器来屏蔽社交网站信息的时代即将结束，特别是对于依靠社交网络来提高销售收入和联结客户的企业来说，这样做则更不明智。

● 考虑建立能够共享IT知识及创造IT领域以外更广阔机遇的社交平台。

● 若要寻求帮助，一定要找一家在社交媒体市场营销与技术咨询领域表现出色的咨询企业。我们必须避免无谓的重复劳动，这与通过雇用一名金融、会计或IT专业人士来更出色地完成工作没什么两样。

● 了解与社交媒体"伴生"的安全因素。如果你有机会任职于某个负责安全的IT小组，千万不要错过！因为在那里，你可以学习到如何使用新工具来规避与社交媒体有关的风险。数据丢失保护（DLP）就是这样一种工具，通过与来自内容过滤器的信息相结合，它可以提供甚至更多的信息来协助减灾策略。

● 对一些新的社交媒体营销工具进行分析。Salesforce的全新云市场推广服务绝对不会让你失望。其它值得关注的工具还包括Shoutlet、Direct Message Lab、Objective Marketer、MediaFunnel、Hootsuite和Sprinklr。目前，一些企业正使用这些工具来进行社交媒体宣传。

● 在企业内部制定相关策略和流程，对于在社交媒体网站上发布信息的行为予以规范。最有效的做法就是在发布信息之前做好审核，把好第二道关。这样做可以减少不良信息和事故给企业造成重大品牌损失的风险。

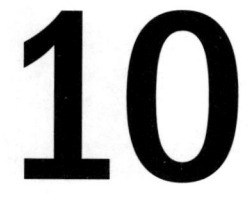

成为CIO之后

尽情发挥你的聪明才智吧，让你自己与众不同。不要想着退休，等真的退休的时候，让世界为你的退休而遗憾。

——萨缪尔·约翰逊（Samuel Johnson）[1]

---

[1] Samuel Johnson, Inspirational Quotes, www.inspirational–quotes.info/growth.html（accessed October 6, 2012）.

10.1 职业规划

在我准备这一章的时候，我一下想到了CIO花费了如此大量的时间为其执行IT的角色做准备，可他们却不多想想下一步的职业规划，这让我感到震惊。看看CIO这个角色本身、晋升到这个职位所花费的时间和经验，以及一个CIO在工作中实践IT的平均年数，难怪很多CIO并不想着在成为CIO这个角色之后的事——而是最终选择退休。对于那些还想着能有其他选择的人，有以下几种情况。

首席执行官

根据《首席信息官》杂志上的文章报道，"对那些主动在非IT方面的业务中承担正式或非正式责任的CIO、或是准备爬上CEO位子的CIO而言，这是一个成功的方向"。传统而言，CEO在全企业要设置性能表现标准，同时要为大多数的首席级别官员设置标准。该文章指明，如果一个优秀的CIO有理由站出来反对上级、而且偶尔还表现得比上级好的时候，这个缺口通常反映在"战略商业领导力"这个领域

里。也正是这个缺口是那些有志于做CEO的CIO所需要多关注和花精力的。①

亿康先达国际咨询公司（Egon Zehnder International）认为，一个全球执行官猎头企业对评估执行官能力非常有经验，CEO和CIO之间是有能力上的本质区别的。Egon Zehnder通过25 000位执行官在360°评估中的表现能力的数据库中找出了以下几个关键点：

● 顶级CIO（排名前15%）的最高得分点在结果导向、战略导向、变革领导力和聚焦客户上。

● 除了在人和企业发展方面，二者表现能力持平以外，顶级CIO比普通CIO的表现和能力都要强。

● 人和企业发展分数在所有执行官的评估中都相对较低，尤其是CFO。

● 顶级CIO在多方位的能力方面比优秀的CEO分数要稍高。

● 顶级CEO，作为全方位的战略思考者，比顶级CIO的表现要好很多的项目是在市场知识和外部客户聚焦领域。②

《首席信息官》杂志表示，那些立志成为CEO的CIO应该在打磨他们的商业战略和革新能力上花时间，使自己成为坚实的变革领导者、合作者、影响者以及商业专家。CEO经常来自销售领域，这是由于他们与重要客户有紧密的关系，并且以客户为核心。比较而言，CIO则在内部股东身上花大量时间，在很多情况下只有很少的机会或几乎没有机会与潜在客户或主要客户接触。③这是当今CIO最大的难题。

---

① Carrie Mathews, "What It Takes for a CIO to Be a *CEO*," CIO, June 25, 2007, www.cio.com/article/print/121151（accessed August 5, 2012）.

② Ibid.

③ Ibid.

他们过于关注内部管理，但是如果他们想要变成CEO，那就必须学习如何将精力放在外部业务上。

一位CIO更有可能在一个技术企业变为CEO，而不是在一个完全不生产或完全不支持技术产品或服务的企业转型。例如，一位有着产业知识、技术知识和战略眼光的CIO，更有可能变成一个云计算或IT服务企业的CEO，而不太可能成为一个非技术企业的CEO。

首席运营官（COO）

CIO极有可能升职的位置就是COO。COO的角色往往等同于CIO，主要是因为二者都倾向于企业的商业运营，而且主要是内部运营。COO的角色除了要控制IT，往往还要控制人力资源、金融财政和会计以及设施团队。

当今对CIO的许多能力要求都存在于其他运营功能中。伟大的CIO能极大地领导、激发和关怀人力资本，包括预算和管辖范围。那些不能很好地管理财政的CIO通常都要向CFO汇报，因此就可以推测，那些不用向CFO汇报的CIO，对理财和管理庞大的预算以及与供应商进行合同谈判非常在行。伴随着越来越多的设备功能变为以智能为基础的技术，IT和设施正逐渐合并，CIO及其数据中心经理需要精于权利管理、电子散热功能等，那些传统上在数据中心管辖之外的任务现在都落后于设备团队了。

由于COO的技能和监督以及优秀的CIO的正常职能，CIO是成为COO的非常有力的候选人——尤其是在他们所在企业的内部升职。CIO尤其擅长解决问题，这对成

为COO是很好的能力优势。总结起来，我相信那些期望在IT领域以外继续寻求升职的CIO，将会选择COO的职位，而且能够成功。

其他选择

除了退休以外，CIO的其他选择都纯属个人的决定。而追求更高的首席级别职位，这并不是传统职业生涯规划的一部分。一旦他们厌倦了IT领域，只有他们自己才知道他们到底想做什么。以下是我想到的一些选择：

● 考虑做一个老师。作为一个老道的IT执行官，你总是可以在高中学校教计算机课程或是工程课程。现在的学生比10年前过早地接触到了技术。我儿子就在高中上工程课程，这样毕业时将会拿到9～12个学分。

● 考虑做一个教授。有客座教授和全职教授的选择。对于想教书又无法完全投入时间和精力的CIO而言，客座教授是个不错的选择。

● 做一个咨询师。CIO可以做非常好的高级IT战略咨询的职位。同时也可以到全国或全球性顶级的咨询企业找机会。

● 做董事会成员。加入咨询董事会或全主管董事会，对CIO的职业生涯而言都是非常重大的提升。咨询董事会不需要投入太多时间，并且多数情况下没有经济补偿。除了在非营利性机构或学术机构，董事会职位则是有薪资的。

● 成为良师。对以前任职执行官以及现任执行官而言，去做良师指导别人是很重要的角色，因为这是给下一代的领导者传递知识和经验的极好的途径。而且我坚信今天的CIO有责任教导下一代IT领导者去迎接明天的挑战。

● 退休，打高尔夫。对那些热衷于玩高尔夫的CIO而言，除了继续坚持外我不需要再多说什么了。而不玩高尔夫的应该试着玩玩看。鉴于IT专业要求高智力、耐

心、团队合作、破译复杂的技术和解决方案、准确度、高强度的工作、正直以及一点好运气，高尔夫也许正是一个已退休执行官所需要的。

我询问了我的IT执行咨询团队对CIO下一步的职业规划的看法。他们的回答列在下面的CIO调查里，而且内容一如往常的深刻。

CIO调查

你认为CIO下一步合乎逻辑的职业规划是什么？

需要哪些附加的能力达成下一步目标？

● 我认为，CIO的职位给予其很多可行的职业轨迹。在适合的企业里，CIO可能可以竞争做CEO。如果CIO对商业程序和支持企业的应用程序有非凡的见识，那么第一步选择晋升COO的职位可能是比CEO职位要适合和更加自然。依我的经验，CIO从流程的角度通常对邻近的商业部门是否可行的了解和负责的执行官一样多，甚至是更多。一个成功的CIO还能够有机会做咨询师，帮助其他CIO变得成功。一个成功的CIO在内部花大量的时间"销售"，并且在正常的情况下，能够为过去可信赖的技术供应商转做销售或市场。

——约翰·沙利文（John Sullivan），美国化学协会CIO

● 印第安纳大学的（前任）CIO现在已经是总裁了。我认为CIO绝对是COO的不二人选，因为二者有很多重叠的技能领域。CIO在任何其他的高级官员里可能是知识面最广的。

● 你需要有一系列成功的记录。（为了在学术领域里有所上升，）如果你还在

行政管理和学术领域有所建树将会大有裨益。

——大卫·斯沃茨（David Swartz），美利坚大学CIO

● 问题的答案取决于企业的规模以及CIO的背景。如果在一个小企业里，CIO有技术背景，那么CIO很可能视COO的职位为下一步的计划。如果在一个大企业里，CIO具有金融、工程或是其他商业背景，那么下一步可以是任何职位，包括CEO的职位。

● 了解这些数字。影响格局的能力，而非单纯任人摆布。总是去做商业里最有兴趣和潜质的事情，而非遵从你个人的喜好和能力。那些对革新有极大的热情的人，往往还要有一点发疯的精神。

——伊尔·曼苏（Earl Monsour），马里科帕社区学院地区战略信息技术部主管

● CEO、COO等。对CIO而言，职业生涯上升可能性的程度是很广的，包括上升到CEO的位置。如今，CIO逐渐有了各种各样的背景，有些利用CIO的角色让自己的经验、经历更多样化，并在企业里不断进步。

● 对商业有全面的了解，有助于发现机遇。在企业里，这将是全然不同的背景。在开发项目程序时，有意向地去关注员工和人民的需求，去理解他们的真正需求，以及决策实施适合的技术解决方案的能力。为了让企业在市场中的位置更加显著，有能力将技术和机遇结合起来。

——德尼·加隆（Denis Garon），财政部首席信息秘书处秘书合伙人

● 在退休前，COO和CEO（比较符合逻辑的下一步）。你怎么才能实现呢？发展更广的商业视野，证明你自己能够进行战略性的思考，并建立起强有力的团队。

——约书亚·R.杰威特（Joshua R. Jewett），Family Dollar Inc.高级副总裁兼CIO

10.2　功课

在过去的几年里我为自己的下一步所做的准备都列入以下的大纲里：

● 为能更多地扮演战略性角色而非战术性或运营性角色，我不断寻找机会。

● 将其他部门的商业执行官（非IT的）纳入我的关系网，在其他部门运作和机遇问题上与他们保持对话。

● 与一些学院性机构保持联系，在时间允许的时候，作为客座讲师给大学生上课。

● 忙于出版和讲座，不管是国内的还是国外的。写作和讲座的成果有助于树立一个人的口碑。

● 我最近开始读博士课程，并希望从IT业退休后，能到大学里再做十年教授。但是，条件是由我太太来选择学校，因为她一直以来要忍受我在IT业的繁忙工作，以及我花在写作上的周末和夜晚，而本来那些时间是应该与家人度过的，可是我却忠实的待在电脑前。

● 我已经在纸上计划好我的未来，而且完全了解需要什么技能才能达成这个未来。规划就是关键。

10.3 攻略

对任何人的职业生涯而言，为下一个角色做好准备都是非常重要的。我记得我在二十几岁的时候就开始计划要成为一个CIO。而今天，在这里，我要向大家分享一些成为CIO可能性的见解和建议。事实上，兼具理想和可能性的组合才最有可能让你成功。我的建议如下：

● 如果你不想退休，那就去寻找战略和创新商业方面的机会和角色，补充你的IT和运营技能。

● 阅读亿康先达国际咨询公司（Egon Zehnder International）发布的完整信息，研究其他类似的企业，从而为你从CIO向其他角色（COO、CFO或是CEO）的转变做准备。如果你想成为CIO那样的级别，请参考以下建议，尤其是那些来自咨询和顾问委员会的意见。

● 争取咨询董事会的职位，可以给你提供进一步转变角色的机会，而非单纯的IT和执行官的管理工作。任职于非营利性机构和教育机构是不错的起点，因为他们有非常好的任务项目，是回馈的好机会。营利性的董事会则能给你在经济上很好的

补偿，通常情况下是股票。

● 考虑在IT部门或是重要的供应商中成为一个战略性的顾问，或是研究型的专家。我经常想，在我职业生涯的某个时候到福雷斯特公司、IDC或是高德纳公司做一个研究分析师。这是你在职业生涯中提升专业素养的非常棒的途径，也是我留给下一代成熟的建议和经验。

● 想方设法回馈IT部门。监控、教学、写作以及发言都是不错的选择，而且对你移步下一个职业都是可见的成绩和积累。

● 如果你还没有使用创新和战略性思维，那么请考虑寻找下一个机会。

● 花些时间发展你职业生涯轨迹的末端，就像你之前所做的那样。列出所有技能、资历、学位以及人际关系，所有这些是上升到高一个层次所必需的，最终都会对你有所帮助。良好的规划是职业生涯开始和结束的关键。

IT行业一直都是最让人兴奋的行业之一。今天的商业文化正在快速地变化和革新。与以往相比，今天的商业正在更多地使用技术，以满足企业结构和增长的需求。今天的商业是移动、社交和云基础。要想具有竞争力，这三样你都要拥有。专注于再教育；保持与供应商、同行和良师的重要的人际关系；规划在未来的5～10年里你想取得怎样的成就；然后努力去实现。

10.4 总结

信息技术产业在不断适应、改变，推出创新的解决方案和产品，并与商业、学术和非营利企业相结合来适应今天不断变化的环境和战略。全球的IT专业人士从来没有像今天这样付出以求成功。随着影响产业的各种趋势和动力的不断提升，IT人士也从来没有像今天这样越来越被需要和被依赖。

今天的IT专业人士（无论他们是分析师、系统管理人员、安全专家、网络工程师、软件开发人员、云端专家还是SaaS供应商、商业情报与报告专家、社交媒体市场专家、电信专家、培训师、基础设施专家或IT管理者）都面临着巨大的机遇。机遇存在于那些消费技术并在移动、社交和云计算上做决策的企业中，也存在于提供这些服务的供应商中。

这个产业仍然保持着蓬勃向上的势头。因为技术发展趋势在不断变化，我们要始终坚持学习新的技术，跟随投资的方向去了解什么样的趋势在刺激购买力。哪些行业内的领袖人物应向与新一代的IT领导者分享他们的经验，去做他们的良师。机遇是无止境的，我们绝不轻言放弃！

关于作者

　　格里高利·S.史密斯（Gregory S. Smith）目前是一家位于华盛顿地区的国际企业的首席信息官（CIO），他在IT领域有超过25年的工作经验。之前，他曾任世界自然基金会（WWF）副总裁兼首席信息官。还曾为华盛顿的美国退休人员协会（AARP）策划过软件开发、电子商务以及商务情报等活动。而更早前，他在萨利梅公司（Sallie Mae）———一家提供200多项金融服务的企业承担企业财务部及其两个分部的技术管理工作。史密斯先生还曾担任普华永道（Pricewaterhouse Coopers LLP）管理咨询部（Management Consulting Solutions group）的首席顾问，同时担任SRA国际企业（SRA International）的IT防御顾问。

　　史密斯荣膺过许多的奖项和荣誉：2011年被《智慧CEO》（*Smart CEO*）杂志评选为华盛顿Top10首席信息官；2007年被《计算机世界》（*Computer World*）杂志评为Top100 IT领导者；2003年被《首席信息官》（*CIO*）杂志评为Top100首席信息官；2007年被《电子周刊》（*eWeek*）杂志评为Top100首席信息官。他还曾编著过许多专著，例如：Praeger 在2009年出版的《儿童上网安全手册：家长和教师的指南地图》（*Protecting Your Children on the Internet: A Road Map for Parents and Teachers*,

Praeger, 2009），以及约翰·威立出版社（John Wiley&Sons）于2006年出版的《成为世界级的首席信息官》（*Straight to the Top: Becoming a World-Class CIO*, John Wiley & Sons, 2006）。史密斯先生在其职业生涯中还发表过多篇文章，例如发表于《首席信息官》（*CIO*）杂志上的《呐喊于世界之巅》（*Talking at the Top of the World*）等文章。

史密斯先生本科毕业于马里兰大学的公园学院（University of Maryland at College Park），获得计算机科学学士学位。后于约翰霍普金斯大学（Johns Hopkins University）获得商业硕士学位，并作为附属学院教员在该大学凯利商科学院的毕业生项目（Carey Business School graduate programs）中工作了15年。

史密斯先生的个人网站：www.gregoryssmith.com。